a mudança

Dr. Wayne W. Dyer

a mudança

Como transformar ambição em significado

Tradução
Fábio Zatz

NOVA ERA

CIP-BRASIL. CATALOGAÇÃO-NA-FONTE
SINDICATO NACIONAL DOS EDITORES DE LIVROS, RJ.

Dyer, Wayne W., 1940-

D994m A mudança / Wayne W. Dyer; tradução Fábio Zatz. — Rio de Janeiro: Nova Era 2012.

Tradução de: The shift
ISBN 978-85-7701-341-8

1. Autorrealização. 2. Autorrealização — Aspectos religiosos. I. Título.

12-0114. CDD: 158.1
CDU: 159.947

Texto revisado segundo o novo Acordo Ortográfico da Língua Portuguesa.

Título original norte-americano
THE SHIFT

Copyright da tradução © 2012 by EDITORA BEST SELLER LTDA
Copyright © 2010 by Wayne W. Dyer

Capa: Marianne Lépine
Editoração eletrônica: FA Editoração

Publicado originalmente em 2010 pela Hay House Inc, USA.
Unit B, 292 Kensal Road, London W10 5BE

Todos os direitos reservados. Proibida a reprodução,
no todo ou em parte, sem autorização prévia por escrito da editora,
sejam quais forem os meios empregados , com exceção das resenhas literárias,
que podem reproduzir algumas passagens do livro, desde que citada a fonte

Direitos exclusivos de publicação em língua portuguesa para o Brasil
adquiridos pela
EDITORA NOVA ERA UM SELO DA EDITORA BEST SELLER LTDA.
Rua Argentina, 171, parte, São Cristóvão
Rio de Janeiro, RJ — 20921-380
que se reserva a propriedade literária desta tradução.

Impresso no Brasil

ISBN 978-85-7701-341-8

Seja um leitor preferencial Record.
Cadastre-se e receba informações sobre nossos lançamentos
e nossas promoções.

Atendimento e venda direta ao leitor:
mdireto@record.com.br ou (21) 2585-2002

"Existe a terra dos vivos e a terra dos mortos, e o amor é a ponte, a única sobrevivência, o único significado."

A ponte de São Luís Rei, por Thornton Wilder.

Para Reid Tracy.

Sou muito grato por compartilharmos esta visão...

SUMÁRIO

Introdução	11
Capítulo 1: De...	17
Capítulo 2: Ambição...	45
Capítulo 3: Para...	73
Capítulo 4: Significado...	97
Notas	125

INTRODUÇÃO

Recentemente, tive o prazer de ver um documentário inspirador, intitulado *Hasten Slowly: The journey of Sir Laurens van der Post* [*Apresse-se Lentamente: A Jornada de Sir Laurens van der Post*]. Sir Laurens passou um longo tempo com os nativos de Kalahari — povo do sul da África — ouvindo as histórias deles. Para mim, a cultura desse povo resume em poucos e curtos parágrafos o desejo essencial que praticamente todos os seres humanos cultivam:

Os nativos do deserto de Kalahari falam sobre dois "desejos". Há o grande desejo e o pequeno desejo. O pequeno desejo quer alimento para o estômago; mas o grande desejo, o maior de todos, busca significado...

Fundamentalmente, há apenas uma coisa que torna os seres humanos muito e profundamente amargos: uma vida sem significado...
Não há nada de errado em procurar a felicidade...
Mas muito mais reconfortante à alma...
é algo maior que felicidade ou tristeza, é o significado.

A MUDANÇA

Porque o significado transforma tudo...
Uma vez que aquilo que você esteja fazendo lhe seja
significativo, é irrelevante se você está feliz ou infeliz.
Você está contido — você não está sozinho
em seu Espírito — você pertence.
(Sir Laurens van der Post em Hasten Slowly,
um filme de Mickey Lemle)

Como é relatado tão eloquentemente, "o grande desejo, o maior de todos, busca significado." *A mudança* é um convite — tanto neste livro como no filme — para explorar o processo de mudar de uma vida sem significado para outra repleta de significado e propósito.

Há muitos anos tenho me dedicado a ajudar as pessoas (incluindo eu mesmo) a alcançar seu mais alto potencial. Fiz quase setenta viagens ao redor do sol, e uma coisa que fica clara é que todos queremos uma vida com propósito e significado. Neste livro, mostro o que parece ser necessário para alcançar um estado de atenção consciente e esclarecedor, que alimenta uma vida de propósito e significado.

• • •

Quando o filme, do qual este livro se originou, foi lançado com o nome de *De ambição para significado,* muitas pessoas não entenderam do que se tratava. Parece que o título era um pouco confuso, talvez indicando que eu havia feito um documentário, ou que tinha apenas gravado uma das minhas palestras.

Introdução

Durante o lançamento em circuito, quando o filme foi apresentado para um público seleto, expressei meu ponto de vista a respeito do título ao diretor e produtor executivo. Eu disse: "Amo esse filme, porém, se tivesse de fazê-lo novamente, lhe daria um outro nome. Eu o chamaria de *A mudança*, porque esse termo é mencionado durante todo o filme e é o que deve acontecer para que uma pessoa passe da ambição para o significado." Para minha alegria — e por mérito do diretor e produtor — no prazo de uma semana o filme tinha um novo título. Mesmo assim, a noção do antigo título permanecia.

À medida que eu ponderava como apresentar essa mensagem em um livro relacionado ao filme, uma meditação profunda me levou a usar as quatro palavras do título anterior como o formato organizacional do livro. Isso é o que você agora tem em mãos.

Todos nós, nessa maravilhosa viagem à idade adulta, temos de realizar algumas mudanças de cursos, ou transições, durante a jornada. Com sorte, iremos além das duas primeiras obrigatórias e seguiremos até as mudanças de consciência que levam a uma vida repleta de propósito. Agora, o que quero dizer com isso?

A primeira mudança que todos nós realizamos nos leva da não existência à existência; do Espírito à forma; do invisível ao nosso mundo corpóreo de coisas, limites e matéria. Então, o primeiro capítulo deste livro é intitulado "De...". No meu estilo (com certeza imperfeito) tento definir o indefinível usando palavras e frases que são meros símbolos daquilo que desafia a descrição. Contudo, é o que cheguei a ver do

A MUDANÇA

mundo do Espírito invisível, do qual todas as coisas se originam e para onde retornam.

A próxima mudança que apresento é a transformação de *De para Ambição* — consequentemente, "Ambição..." é o título do Capítulo 2. Ambição é o estágio em que adotamos um caráter egocêntrico, que é oposto ao *lugar* do Espírito de onde viemos. Ego nesse contexto é nosso falso "eu".

Essas são duas das mudanças principais e obrigatórias que fazemos nessa viagem. Muitos terminam a jornada com somente duas transições concluídas. A ambição, infelizmente, é na maioria das vezes o fim da história da vida. No meu filme e neste livro, proponho que haja mais duas mudanças para todos nós. Quando prosseguimos com elas, a "vida sem significado" a qual Sir Laurens se referiu não é o término da história. Todos nós podemos escolher realizar a transição para além da segunda mudança, da ambição impulsionada pelo ego.

O terceiro capítulo é intitulado "Para...", que significa chegar a um local em nossas mentes onde percebemos que temos a opção de realizar uma volta de 180 graus para longe do falso "eu" e começar a nos dirigir de volta na direção de nossa origem. Essa nova fase da viagem é um retorno para o Espírito e um convite para que o domínio invisível do Divino venha a substituir a dominação do ego. Aprendemos como subjugar o ego à medida que nos dirigimos *para* uma vida de significado e propósito, "alimentados" pela nossa Fonte de existência.

A mudança descrita no Capítulo 4 é "Significado". À medida que nós abandonamos nosso falso "eu" e iniciamos a

Introdução

viagem de regresso à Origem enquanto ainda estamos vivos, vivemos sob um novo conjunto de regras. Descobrimos que as leis do mundo material não necessariamente se aplicam na presença do *Significado* que é encorajado pelo retorno à Origem. A manifestação de milagres e da sincronicidade recentemente descoberta começam a povoar o cenário da vida. De fato, Significado é o que agora define todos os momentos da nossa existência.

Mas, infelizmente, a ambição do ego é o derradeiro propósito de muitas vidas — contudo, há sinais que apontam para aquelas duas outras transformações que nos liberam das ilusões em relação ao conforto do ego. Podemos realizar uma meia-volta e retornarmos para o local do Espírito em uma terceira transformação. E, então, na quarta transformação, alcançamos uma vida de significado e propósito reaplicando nossa Ambição para a realização do nosso verdadeiro "eu". Podemos satisfazer nossa maior vocação quando conscientemente empreendemos a jornada De Ambição Para Significado. Podemos transformar nossas vidas e, como um bônus, influenciar o destino do planeta.

Com amor,
Dr. Wayne W. Dyer
Maui, Havaí

CAPÍTULO 1

DE...

"E seu corpo é a harpa de sua alma,
e é seu para produzir músicas doces,
ou sons confusos."
— Kahlil Gibran[1]

Até onde consigo me lembrar, tenho tido uma natureza contemplativa. Quando era menino, tinha questões existenciais que raramente foram respondidas de forma concreta. Minha primeira tentativa de compreender a morte foi quando o senhor Scarf, um dos membros do casal que administrava o lar adotivo onde meu irmão David e eu vivíamos, morreu. Depois que a senhora Scarf contou a nós que seu marido havia falecido, ela nos deu uma banana para se distrair de sua tristeza. Eu, imediatamente, indaguei: "Quando ele retornará?" Sua resposta, de apenas uma palavra, mistificou-me. "Nunca", ela respondeu, enxugando as lágrimas.

A MUDANÇA

Então, fui para meu lugar no topo do nosso beliche, descasquei minha banana, e tentei entender o que significava *nunca*. Eu imaginava inícios e fins, coisas como dia e noite terminando e começando, e pensei no Sr. Scarf indo para o trabalho e retornando a casa. De uma maneira rudimentar, reconheci causa e efeito, pensando nas flores em árvores frutíferas tornando-se maçãs ou cerejas. Mas me senti frustrado em como o senhor Scarf nunca retornaria. Isso rompeu totalmente com o que eu sabia, naquela idade, como sendo o curso natural das coisas. Deitei em minha beliche olhando para o teto, empenhando-me para compreender como o senhor Scarf poderia ter desaparecido para sempre.

Toda vez que pensava que ele nunca, nunca retornaria, ficava com uma sensação ruim no estômago. Meus pensamentos então deslocavam-se para algo mais concreto, algo que poderia compreender, tal como: *Quando iremos jantar?* ou *Onde está meu carrinho?* Mas minha mente naturalmente inquisitiva continuava a refletir sobre a misteriosa e inexplicável ideia de *para sempre,* e retornava a sensação assustadora de inquietação no estômago, que sinto até mesmo agora, enquanto escrevo essas palavras. Desde que o senhor Scarf faleceu, escrevi 34 livros e proferi milhares de palestras sobre a essência de uma existência espiritual, e ainda fico inquieto quando recordo daqueles momentos da infância, quando eu tentava compreender o significado da vida sem um corpo para encapsulá-la.

À medida que prosseguia com meus livros e palestras, continuava intrigado pelo que chamo de "as grandes questões". Estudei mestres espirituais e filosóficos do Oriente e

– 18 –

Ocidente, dos tempos antigos e modernos, que exploraram — e, em muitos casos, vivenciaram — as verdades que nós consideramos como nossa herança espiritual. Eu adoro contemplar essas questões que têm mantido a humanidade perplexa desde que o início da história vem sendo registrado (e, provavelmente, até antes disso). O mistério da existência permanece fascinante para mim. Aprecio pensar no que não pode ser respondido, mas também me sinto em paz com esse mistério.

Uma dessas grandes questões é: *Quem sou eu?* Parte da resposta é que sou um corpo com características mensuráveis. Sim, tenho um nome, talentos e realizações — mas quem sou também inclui uma presença intangível, que sei que faz parte de mim. Esse aspecto meu não tem limites perceptíveis ou uma forma visível. Um nome para esse aspecto não físico é *mente,* com sua interminável gama de pensamentos invisíveis infiltrando-se por dentro do corpo físico.

Minha resposta pessoal para a indagação *Quem sou eu?* é que sou um pedaço de uma Fonte criadora de tudo, conhecida por muitos nomes, incluindo Deus, Espírito, Fonte, o Tao, Mente Divina e assim por diante. Embora não consiga vê-la ou tocá-la, sei que sou um componente dela, porque devo ser semelhante àquilo de onde vim — eu vim desse nada sem forma que fundiu-se numa forma. Consequentemente, sou tanto esse Espírito invisível que é a Origem de tudo, e simultaneamente a forma que está destinada a retornar ao invisível.

Algumas outras grandes questões com as quais também tenho me debatido são: *O que acontece após a morte do meu corpo (da minha forma)? Qual é o propósito da minha vida? Com o que se parece o eterno? Quem ou o que é Deus?* Eu não tenho pretensões de ter respostas definitivas para essas questões. Se as grandes mentes como Lao-tzu, Sócrates, Buda, Rousseau, Descartes, Einstein, Spinoza, St. Francis, Rumi, Patanjali, Goethe, Shaw, Whitman ou Tennyson (entre inúmeras outras) não conseguiram produzir uma resposta definitiva, então certamente não serei capaz de elucidar todos esses mistérios em um livro ou até mesmo em uma vida. Só posso oferecer minha própria interpretação do que aprendi por meio de estudo, vivência e de esforços concentrados para realizar um contato consciente com a Origem do meu ser, e com que penso ser a Origem de tudo neste universo material.

De longe, uma questão que tem me intrigado e desafiado bastante — a que transcende as indagações *Quem eu sou? Qual é o meu propósito? O que ocorre após a morte? Quem ou o que é Deus?* — é o título deste primeiro capítulo, *De... De onde vim?* Para mim, essa sempre foi a *verdadeira* grande questão.

De onde vim?

Quando penso nos eventos que ocorreram e nas pessoas que existiram antes da minha chegada ao planeta Terra em 1940, intriga-me o que determinou meu aparecimento no momento exato em que cheguei. Onde estava antes da minha concepção em 1939? O que estava fazendo durante os séculos XII e XIII, enquanto as Cruzadas aconteciam? Onde me encontrava em 2500 a.C., quando as pirâmides estavam sendo construídas? O que eu era ou onde estava milhões de anos atrás, antes dos seres humanos começarem a aparecer neste planeta, enquanto os dinossauros estavam vagando pela Terra? Contemplar questões dessa natureza me levou a estudar uma quantidade razoável da ciência que explica como as coisas se formam. Apesar de não ser, de modo algum, um especialista nessa área, isso foi o que aprendi.

A física quântica considera esse fato como cientificamente incontestável: que no menor nível subatômico, as partículas não se originam de uma partícula. Isso significa que a matéria origina-se de algo que não tem forma. Cientistas denominam "energia" essa ausência de forma que produz matéria. Essa energia produziu a partícula que se tornou quem eu atualmente sou. Penso nisso como uma *transformação da energia para a matéria*, e à medida que você lê este livro, convido-o a contemplar as transformações que você realizou para ser quem é e se encontrar onde está atualmente.

Eu penso no minúsculo ponto de protoplasma humano, que foi a minha primeiríssima partícula de humanidade, como sendo parte de algum tipo de "puxão do futuro", que se transformou em um feto, e depois em um bebê, uma criança, um menino, um adolescente, um jovem, um adulto, uma pessoa de meia-idade e em uma pessoa que está viva por quase 70 anos. Todas essas transformações estavam inerentes àquela energia que se materializou em uma partícula microscópica e tornou-se eu.

A MUDANÇA

Está além da minha capacidade compreender como tal desdobramento milagroso pode acontecer na formação de quem sou como ser físico. Mas realmente acredito que isso transcorreu independentemente da minha vontade. Eu sou real e sem fazer absolutamente nada. Parece mais verdadeiro simplesmente observar essa energia criadora de tudo, que aparenta não realizar nada, e, ao mesmo tempo, não deixa nada inacabado. Então, de onde originou-se esse minúsculo ponto microscópico que foi minha primeira experiência como partícula?

Lembre-se que a física quântica nos diz que partículas não se originam de partículas. Se reduzirmos essa partícula original para seu estado subatômico, ela é menor que cromossomos, átomos e elétrons dentro do átomo — e até mesmo das partículas subatômicas denominadas quarks. Cientistas colocaram um quark do tamanho do meu ponto originário em um acelerador de partículas acelerando-o a uma velocidade de 400.000 km/h e o colidiram contra outro quark. O resultado? Nada estava lá. Parece que nada existe no momento da transição para algo. Ou, como gosto de dizer: "De *lugar algum* para *algum lugar.*" Tudo que existe no mundo "de lugar algum" é uma energia pura e sem forma — a ausência de partículas.

A física moderna confirma a metafísica do Gênesis, que nos diz que tudo veio de Deus e tudo era bom. De maneira semelhante, o Tao Te Ching nos diz que toda a existência se origina da não existência. Consequentemente, a questão de onde viemos é respondida de maneira semelhante pela física e metafísica. Ambas concluíram que viemos de algo que não possui forma, limites, começo e substância. Todos nós somos essencialmente seres espirituais, com uma experiência humana temporária. Essa é a nossa essência. Isso é nossa origem.

Somos aquilo de onde viemos

Na versão para o cinema de *A Mudança*, tenho uma breve discussão com vários personagens a respeito deste conceito fundamental: *Tudo no mundo material deve assemelhar-se àquilo de onde veio, incluindo cada um de nós*. No filme refiro-me a um pedaço de torta de maçã em um prato, indagando: "Como é esse pedaço de torta?" A resposta óbvia é que se parece com torta de maçã, porque deve assemelhar-se àquilo de onde veio. Esse é um conceito conhecido se pensarmos na coleta de sangue. Uma pequena seringa de sangue fornece informações aos médicos a respeito de uma pessoa. Por quê? Porque a amostra deve assemelhar-se com aquilo de onde veio.

Eu estendo essa lógica para mim mesmo e para você também. Visto que não vim dos meus pais, não é uma conclusão lógica afirmar que eu deva ser como eles são. Já que não vim da minha cultura, religião, ou nada neste mundo, não é necessariamente por isso que deva ser idêntico ao meu ambiente ou minha sociedade. Mas visto que originei-me de uma Fonte de energia invisível que alguns chamam Deus, ou Tao, ou Mente Divina, então devo assemelhar-me com aquilo de onde vim. Minha conclusão a respeito da minha ori-

A MUDANÇA

gem é que eu vim do Espírito, e minha verdadeira essência é que sou aquilo de onde vim. Sou um Componente Divino de Deus. Eu sou primeira e perpetuamente um ser espiritual inextricavelmente associado à minha Fonte do ser.

Robert Burns resumiu isso poeticamente no seu poema "New Year's Day", escrito em 1791:

> *A voz da natureza ruidosamente exclama,*
> *E traz uma mensagem dos céus, que algo em nós nunca morre.*[2]

Aquilo que não possui forma não pode ser destruído. O aspecto sem forma de todos os seres existe na eternidade, refratário a começos ou términos. A verdade parece ser que nossa essência é eterna, e é somente o corpo físico que dá a impressão de vir e ir em um ciclo de nascimento e morte. O que denominamos nascimento e morte são, na verdade, tão inseparáveis como os dois lados de uma moeda, ou o dia e a noite. A questão *De onde eu vim?* é somente endereçada para o *"Eu"* que é o corpo físico. Mas esse aspecto físico originou-se na não existência.

Nós somos exatamente iguais ao grande Tao ou Deus, e temos a liberdade de fazer escolhas. Algumas das nossas escolhas fazem com que nosso vínculo com a Origem se torne adulterado e envelhecido. Uma dessas escolhas sem brilho é crer que a manifestação de Deus através do nosso "eu" físico é um ponto final, ou o derradeiro, em vez da oportunidade de escolher como expressar esse dom. Desse modo, nós colocamos Deus à margem, e criamos uma vida impulsionada pelo ego. A grande lição nesta jornada filosófica é reconhecer nossa identidade primária como um ser espiritual que é eterno e, consequentemente, incapaz de ser influenciado pelo nascimento e morte.

Nosso "eu" físico é uma expressão na forma de energia da nossa essência espiritual; nosso "eu" verdadeiro é o observador amoroso das nossas experiências sensoriais. A fim de harmonizar-se completamente com essa natureza essencial, devemos nos dedicar a manifestar sua energia e estar completamente cientes da escolha sagrada que estamos realizando. Para alguns, isso significará tornar-se mais como Deus enquanto temporariamente abrigados nos seus corpos; para outros, será criar manifestações divinas na forma de beleza, significado e sabedoria.

A jornada humana na forma corporal é apenas um parêntese na eternidade do nosso verdadeiro "eu". Quando o parêntese se fecha, nós estamos completamente imersos no "eu" materializado. Estamos naquela viagem de ida e volta que Lao-tzu referiu-se na sua famosa citação do quadragésimo verso do Tao Te Ching: "Retornar é o movimento do Tao." Na versão cinematográfica de *A Mudança*, cito o poema de T.S. Elliot "Little Gidding":

> *Não devemos parar de explorar*
> *E o término de toda nossa exploração*
> *Será chegar onde começamos*
> *E conhecer o lugar pela primeira vez.*[3]

Mas antes de projetar nosso corpo e completar essa viagem de retorno, podemos começar a compreender nossa natureza original realizando um esforço para nos aproximarmos mais de como pensamos ser a nossa Fonte de ser.

Uma maneira de conceitualizar isso é imaginar um visor que fornece uma foto nítida da Fonte criativa. Através dessas lentes, vemos como ela pensa, sente e se comporta. Essa visão da nossa fonte nos fornece uma noção mais nítida de nosso "eu" verdadeiro.

Compreender a resposta de *De Onde?* envolve, mais do que qualquer outra coisa, a tentativa de viver a partir da perspectiva que está em sintonia com nossa natureza original. Devemos nos tornar mais parecidos com a natureza espiritual da nossa origem. Ao reconhecer a manifestação da consciência Divina, que é o nosso ser corporal, fazemos a escolha de como expressar esse espírito Divino.

Como o Espírito aparenta ser

Apesar de termos nos originado da essência espiritual, muito frequentemente nosso mundo físico não aparenta ser muito espiritual. Henry Wadsworth Longfellow expressou esse dilema no seu poema "O salmo da vida":

> *A vida é verdadeira! A vida é intensa!*
> *E a sepultura não é sua meta!*
> *Do pó você veio, ao pó retornará,*
> *Não foi dito a respeito da alma.*[4]

De...

O poeta fala a respeito de novas vidas como algo além do físico, que ele descreve como pó. Todos nós somos algo além daquilo que identificamos com nossos sentidos. Não há tal coisa como uma sepultura para nossa essência — nosso espírito — mas podemos negligenciá-lo e consequentemente perder contato com ele. De fato, isso é uma situação bastante comum para todos durante períodos distintos de nossas vidas, quando escolhemos colocar nosso "eu" físico no comando.

Eu gosto muito também do que o poeta Rabin-dranath Tagore escreveu sobre o que ele acreditava ser a nossa lição espiritual mais importante.

Deus adora ver em mim, não seu servo,
mas ele mesmo que serve a todos.[5]

As perguntas importantes que devemos nos fazer são: Assemelho-me a Deus agora? Estou me aproximando? Já estou lá?

Se nossa verdadeira essência é o Espírito, e acreditamos que é de onde viemos, parece-me uma tarefa simples reunir-se novamente com essa parte autêntica de nós mesmos. Uma maneira de fazer isso é mudar nossos pensamentos e ações para as maneiras nas quais imaginamos que a energia criativa pensa e age quando sua energia se materializa em forma. Precisamos ser mais como o Espírito aparenta ser. Visto que é daí que viemos, nossa Divindade é nosso destino, independentemente de como nós a negligenciamos durante o decorrer dos anos. Deus ou o Grande Tao, do qual todos nós somos parte, simplesmente aguarda pacientemente para

A MUDANÇA

que sejamos como ele é. Imagino que o Espírito criador de tudo, se de fato tivesse quaisquer desejos para nós, gostaria que nós compreendêssemos isso.

Um exemplo inspirador disso encontra-se no livro *The Quiet Mind: Sayings of White Eagle* [*A mente quieta: provérbios da Águia Branca*].

Sua contribuição pessoal com relação ao grande plano para a evolução do homem é de continuamente unir-se ao amor de Deus; de sempre olhar para dentro da luz e, portanto, treinar-se para reconhecer a bondade Dele trabalhando através de todos.

Não acredito que Deus se importa se nós demonstramos ou não nosso amor por meio da construção de magníficas edificações de culto, participando dos serviços religiosos, ou através da obediência das regras estabelecidas por organizações religiosas. Parece-me que, se Deus fosse falar conosco, a mensagem seria simplesmente amar uns aos outros e oferecer reverência em vez de animosidade.

• • •

A jornada a que nós nos comprometemos, que nos levou até este momento neste corpo, abrange algo que estou chamando de *De...* Nós viemos de algo, de algum lugar, de alguma maneira; e é um mistério para nossa mente, que tende a pensar em termos de causa e efeito. Minha conclusão é que, se estamos aqui agora, deve ter havido algo antes, e certamente haverá algo depois.

De...

Contudo, reconheço a possibilidade de não haver um "antes", um "depois", e uma "linha do tempo". Tudo pode ser completo e ocorrer simultaneamente sem tempo, espaço, antes e depois. Mas não posso escrever dessa perspectiva porque *minha* pequena mente humana quer tornar tudo lógico e compreensível. Consequentemente, descreverei "como o Espírito parece ser", duas jornadas distintas. A primeira é a jornada de um puro *Espírito amorfo para forma,* e a segunda é a jornada *de uma partícula subatômica para o nascimento.*

1. De um espírito puro e amorfo para a forma (da não existência para a existência)

Escrever acerca da não existência como o lugar *de onde* nos originamos requer que eu especule de maneira imaginativa sobre o que é o mundo espiritual da não existência. A maneira como faço isso é imaginar uma consciência Divina que está na atividade de manifestar forma a partir do nada. Imaginar uma criação sem um criador é muito parecido com tentar imaginar um relógio sem um relojoeiro. Observando a criação diariamente, só posso constatar que as flores vêm das sementes, que as frutas vêm das flores, e que de pequenas nozes de carvalho vêm carvalhos gigantes. A despeito da minha reverência e ausência de simples compreensão, minha curiosidade sobre o mundo do puro Espírito ocupa-se continuamente e diverte-se supondo o antes e o depois — ou indagações "de onde" e "para onde".

A não existência é uma condição delirantemente paradoxal para ser contemplada, porque sei que ela certamente

A MUDANÇA

existe, contudo só tenho minha própria existência com a qual realizar a contemplação. Eu já descrevi minhas autolimitações em relação à compreensão do *De...* da minha existência. Com isso em mente, ofereço-lhes minha percepção com que isso se parece.

Concluo que tudo é energia; são vibrações em uma variedade de frequências. Quanto mais rápida a vibração, mais próximo alguém está do Espírito e da compreensão de onde nós viemos. A caneta que seguro em minha mão enquanto escrevo essas palavras aparenta ser sólida, contudo sua observação através de um poderoso microscópio demonstra que ela é na verdade um campo de partículas em movimento, com muito espaço vazio entre essas partículas. A composição vibratória da minha caneta é energia suficientemente lenta para aparentar ser sólida para meus olhos, que somente podem perceber objetos que se encaixam dentro de uma determinada frequência.

Ouço o som de mainás enquanto escrevo, e sei pela minha limitada exposição às leis da física que sons são uma energia mais rápida que minha caneta sólida. A luz que vejo adentrando pela janela é uma energia ainda mais veloz, com minúsculas partículas movendo-se tão velozmente que aparentam ser verdes ou azuis ou amarelas, dependendo de como os cones e bastonetes dos meus olhos estão calibrados para capturar esses sinais energéticos. Para além das frequências da luz estão as energias vibratórias do pensamento.

Sim, pensamento é um sistema de energia. As frequências de pensamento com o mais alto grau de calibração, que são mensuradas por meio de simples métodos cinesio-

De...

lógicos,* revelam que as vibrações mais velozes aproximam-se do máximo em vibração energética — a dimensão do Espírito propriamente dito. Os pensamentos com maior vibração estão alinhados com a energia Fonte do Tao ou de Deus. Quando experimentadas como pensamentos, essas vibrações mais velozes criam força, mas pensamentos mais lentos criam uma resposta mais fraca em testes cinesiológicos.

Um exemplo de como isso funciona é quando focamos energia mental em um pensamento alinhado com a Fonte e erguemos um braço à altura do ombro como um teste da nossa força, é difícil para qualquer um abaixá-lo. Porém, quando focamos nossa energia mental em pensamentos de frequências mais lentas, nosso braço erguido é facilmente empurrado para baixo por outra pessoa. Quando trata-se da cinesiologia, cada emoção negativa enfraquece o corpo. Esses estudos são exemplos do mundo da não existência e também são oportunidades de explorar as frequências que se harmonizam com as vibrações da energia da Fonte.

Esse campo de onde todas as coisas provêm e para o qual todas retornam *pode ser sentido*. Baseado nas pesquisas e contemplações de alguns dos mais reverenciados seres que andaram sobre o planeta, a criação em si não é um ato violento — é um ato agradável e gratificante. Não parece existir qualquer temor, vergonha, culpa, raiva, humilhação, ansiedade ou ódio associado com os trabalhos do grande Tao que parece não fazer nada, e, contudo, não deixa nada inacabado.

---

* Métodos empregados para estudar os movimentos humanos.

A MUDANÇA

Lembre-se de que o corpo que habitamos 24 horas, 7 dias por semana, não foi criado por um ser humano; é uma criação de Deus. Então, faz todo o sentido para mim que se nosso corpo, criação Divina, estivesse repleto de pensamentos negativos, ele seria fraco. A simples manifestação de uma falsidade enfraquece o braço de uma pessoa forte; manifestar a verdade sempre cria uma forte reação física porque a verdade é de Deus. Como poderia a criação ou o Criador criar a partir de uma perspectiva falsa? Há uma grande quantidade de literatura baseada em rigorosas pesquisas em cinesiologia em que a não existência, o lugar de onde viemos, está alinhado com energia, que é mais forte quando expressa a verdade.

O mais alto/veloz pensamento vibratório que sempre nos manterá forte é a energia do amor. Minha conclusão é que a não existência e o amor são sinônimos. O misticismo e todas as religiões afirmam que o Ser Supremo é amor e a única verdade genuína é o amor. Algumas religiões tornam o Ser Supremo trivial inventando um Deus à imagem e semelhança dos homens. Deles é uma divindade de intermináveis e insignificantes regras que é facilmente ofendida; sempre sofrendo a ação do pecado; e propensa à raiva, à vingança e ao castigo. O amor ao qual me refiro personifica a não existência, acessado e incorporado intimamente de onde nos originamos. Ele não tem regras, não deseja controlar, nunca castiga, e não sabe como rebaixar-se a expressões de antiamor.

Todo o universo, como o vejo, é feito de amor; e cada um de nós parece ser uma expressão individualizada do Único Ser de Amor. Em síntese: *Deus é amor*. Gosto da descrição de Ralph Waldo Emerson sobre amor como sendo um sinônimo de Deus. Que conceito incrivelmente magnífico — essa ideia da não existência existindo como um estado de uma beatitude genuína, indescritível, e uma que é necessária para que o ato da criação ocorra.

Pense nisso: nós viemos do amor; consequentemente, de algum modo devemos ser amor, visto que devemos ser parecidos com aquilo de onde viemos. Jesus coloca desta maneira: "Aquele que não ama não conhece Deus, pois Deus é amor" (1 João 4:8). Bem simples e direto. A não existência é amor. Já que viemos da não existência, devemos ser amor.

Mas de algum modo nós conseguimos nos afastar da nossa natureza original. Todo pensamento não amoroso é um movimento para longe de onde viemos. Cada ato de julgamento, raiva, vergonha, medo, ansiedade e violência é um movimento na direção de não amar e não conhecer Deus. Até mesmo um pensamento de antiamor é um movimento para longe de nossa natureza original.

Como era estar nesse estado de amor genuíno aguardando nossa transição para a existência? O que estávamos fazendo? Uma vez que adquirimos forma, essas questões são quase impossíveis de serem contempladas. Porém, aqui está minha conceituação de como parece ser a não existência antes de nós viajarmos para dentro deste mundo de forma e limites.

— **Nada.** A única coisa em que certamente concordamos é que nada tínhamos. Não havia nada para possuir, para fazer, para disputar, para preocupar-se; não éramos nada, fisicamente falando. Essa ideia de nada é realmente difícil para nós. Entramos em um mundo onde algo subs-

A MUDANÇA

tituiu o nada; onde a forma substituiu a ausência de forma. No nosso mundo material, possuir nada e fazer nada são geralmente interpretados como sinais de fracasso. Contudo, nossa verdadeira essência está mais confortável com nada.

Parece me que a maneira mais eficiente de saber e vivenciar de onde viemos é fazer todo esforço para nos reconectarmos ao nada, criando uma experiência sem vínculos, sem coisas, sem pensamentos. Fazemos isso simplesmente existindo, em vez de trabalhar e acumular. Acredita-se que Herman Melville tenha dito "A única voz de Deus é o silêncio", e isso é um convite para experimentar nosso mundo original de coisa alguma. Toda criação emerge do vazio silencioso, assim como todo som. Cada partícula de luz vem do nada; todo pensamento emerge do não pensamento. Há um provérbio zen que nos faz lembrar que é o silêncio entre as notas que faz a música. Sem silêncio para interromper os sons, não há música — ela somente seria um tom comprido e contínuo. Mas é claro que até mesmo o tom longo originou-se no vazio.

O nada é equivalente à expressão do zero, matematicamente: ele não pode ser dividido; não possui valor empírico; e se multiplicarmos qualquer coisa por ele, obtemos nada como resultado. Contudo, sem o zero indivisível, a matemática em si seria impossível. Antes que viéssemos a este mundo material, nossa essência era nada. Não tínhamos coisa alguma nos sobrecarregando — nenhuma regra, obrigações, dinheiro, pais, fome, medo... nada mesmo.

Quando escrevi ensaios a respeito dos 81 versos do Tao Te Ching para meu livro *Novas ideias para uma vida melhor*, fiquei perplexo pela grande ênfase que Lao-tzu pôs em conhecer o grande Tao (Deus) por meio da desistência de tudo, abrindo mão de todos vínculos pessoais, fazendo menos, possuindo nada e buscando conhecer Deus, esvaziando, ao invés de enchendo a mente. Quase todos os grandes mestres espirituais nos dizem para encontrar Deus no vazio, e de ouvi-Lo falar conosco em silêncio. Então, uma das respostas para a pergunta de onde viemos é: de lugar nenhum, com nada.

Nós precisamos fazer o esforço de encontrar nosso caminho para esse nada sereno enquanto ainda estamos em nosso corpo. Podemos esvaziar nossos bolsos ou bolsas, mas necessitamos, principalmente, esvaziar nossa *mente* e apreciar a alegria de viver no mundo físico, enquanto vivenciamos a bênção do nada. Essa é nossa origem, assim como certamente também é nosso derradeiro destino. Albert Einstein uma vez observou que tudo é nada, e forma é o vazio condensado. E de acordo com meu professor Nisargadatta Maharaj:

> Esta é a verdadeira liberdade: saber que você é coisa alguma. Todo seu conhecimento, incluindo você mesmo, é liquidado — então, você está livre.[6]

— **Unicidade.** Intimamente alinhado com o nada é a ideia de unicidade. Como é possível que no nosso cerne espiritual, sejamos tanto o nada, assim como também conectados a algo denominado unicidade? Tudo neste nosso universo físico está de alguma maneira ligado a todas as outras coisas, porque tudo originou-se do vazio do nada.

A MUDANÇA

Não há muitos desses vazios para escolher — viemos do mesmo vazio de onde tudo e todos vieram. Quando tentamos isolar qualquer coisa, descobrimos que ele é de alguma maneira parte de todo o resto no universo. Assim como é um absurdo para uma única onda ver-se separada do oceano, é para qualquer um de nós não reconhecer nossa unicidade com aquilo que conhecemos como infinito.

A unicidade é difícil de compreender adequadamente, porque estamos tão imersos no mundo das coisas, que parecem *outras* para nós. A primeira linha do Tao Te Ching sugere que o Tao que pode ser nomeado não é o Tao eterno. Em outras palavras, assim que é nomeado, ele se perde, porque criamos uma dicotomia. Unicidade significa apenas isso: somente um. Como afirmei anteriormente, assim como o zero em matemática, ela não pode ser dividida ou subdividida. A partir do momento que nós a rotulamos ou a nomeamos, ela é algo diferente, separada; consequentemente, não é a unidade da unicidade. Lao-tzu menciona repetidamente que quando o nomeamos, nós o perdemos. Na unicidade não há nomes, há somente o um. Essa é a razão por que é tão impossível escrever a respeito da unicidade — qualquer palavra que eu usar para descrevê-la demonstra que não a estou compreendendo!

O lugar de onde viemos é destituído de dicotomias, diferentemente do nosso mundo material, que depende de pares de opostos. Neste mundo, sem o conceito de cima, não pode haver baixo. Sem a ideia da morte, não há vida. O polo norte de um ímã não pode existir sem o polo sul. Sem o homem, não há a mulher. Sem o certo, não há o errado. Pensamos em dicotomias, e nos identificamos a partir de opostos. Sabemos do que gostamos, o que tem um bom paladar, o que tem uma boa sensação, e assim por diante, devido à nossa experiência com o que não gostamos. Por causa do mundo material, muitos julgam difícil acessar a unicidade, o mundo que o velho professor Hermes descreveu desta maneira:

> Deus é um. E aquele que é único não tem nome; porque ele não necessita de um nome, já que está sozinho... Todas as coisas originaram-se de Um...[7]

A ideia de unicidade é quase impossível de ser compreendida porque nós habitamos em um mundo de contrastes, e contraste exige mais de um elemento. Então aqui estamos, de forma persistente no nosso mundo de dualidade. Como podemos compreender a ideia de unicidade no mundo da não existência, que ocupávamos antes de vir para existência? Uma maneira pode ser pensar a respeito de nossos dedos, pernas, braços e olhos: não pensamos neles como entidades distintas da totalidade do nosso ser. Nós não nos referimos aos nossos dedos como separados de nós mesmos. Embora eles tenham suas qualidades e características únicas, eles são componentes da unicidade a que nos referimos como nós mesmos. Assim também é a nossa relação com a Fonte ou Deus antes que viéssemos para este mundo — nesse mundo, que estou denominando "De... ", nós e Deus eram um.

Unicidade como o conceito de onde viemos significa descartar todas as ideias de separação de qualquer coisa e qualquer um. Podemos simular unicidade através da parte de nós mesmos que conhece o silêncio onde não há nomes nem coisas. Aqui, podemos começar a sentir nossa conexão com todo mundo, com a Terra, com o universo e, finalmente, com o grande Tao. A unicidade torna-se acessível nesse

A MUDANÇA

grande poder, que age sem fazer nada, mantém todo o universo em ordem e gera forma a partir do nada.

Se nós imaginarmos que somos livres de todos os rótulos, todas as separações, e todos os julgamentos a respeito deste mundo e da vida que o habita, podemos começar a compreender a unicidade. O lugar que queremos entrar é o de simplesmente *existir*. Podemos imaginar a Fonte da existência como uma energia que está disponível para nós assim como está o céu. Não há ressentimento contra ninguém ou qualquer coisa porque todos e tudo são Espírito. Esse Espírito é Deus, nossa Fonte da existência. Nós O somos, e Ele é quem somos. Nós relaxamos dentro do silêncio de onde viemos. Descobrimos o significado da vida quando somos capazes de retornar à unicidade e ao nada enquanto ainda na forma material, sem ter de deixar nosso corpo no ritual da morte. Quanto mais próximos conseguimos experimentar nossa natureza original, mais paz e propósito fluem através de nós.

2. De uma partícula subatômica ao nascimento.
(Da existência mais precoce ao nascimento)

Nós examinamos a lógica e a especulação espiritual de com o que poderia se parecer nossa não existência. Por favor, lembrem-se que isso é basicamente minha interpretação do mundo invisível do Espírito, que é tanto a nossa fonte de origem quanto o nosso lugar de retorno quando nosso "eu" físico não está mais animado pela Mente Divina.

De...

Em um nanossegundo magicamente misterioso, fizemos a transição da não existência para a existência. Uma partícula subatômica de protoplasma humano emergiu do Espírito, e cuidou de tudo o que fosse necessário para a jornada que denominamos de vida. Uma força invisível, que chamo de atração futura, foi posta em movimento, preenchendo nossas características físicas. Nossa altura máxima; forma corporal; olhos, pele e cor de cabelos; rugas que algum dia iriam aparecer; e, é claro, a questão do nosso corpo deixando de estar vivo, foram todas providenciadas, sem que tivéssemos de fazer nada.

No filme *A mudança*, especulo que se todo o necessário para a jornada física é entregue pelo nada anônimo, então não está além da minha capacidade de admitir a hipótese de que todo o necessário para cumprir a totalidade do nosso destino também surgiu naquele momento de transição da não existência à existência. Nosso darma — nosso propósito essencial para estar aqui — nossa personalidade e toda a ajuda da qual precisaríamos ao longo do caminho também estavam nesse ponto microscópico. Se nosso corpo estava numa jornada que é toda entregue pelo grande Tao ou Deus, então pergunto: por que também não todo o resto a nosso respeito?

A principal característica dessa jornada de nove meses é o que chamo de *entrega*. Não havia nada para fazermos. De alguma maneira, nossa Fonte da existência na sua infinita sabedoria iria fazer tudo. Nós e nossas mães biológicas permitimos que o grande Tao fizesse o que ele faz. A verdade é que não estávamos fazendo nada; estávamos simplesmente sendo feitos. Em toda essa viagem de nove meses, fomos *vividos* pelo Tao. Compreender de onde viemos e para onde

A MUDANÇA

retornaremos é experimentar a sensação de completa entrega. Isso significa permitir que a força que esteja fazendo tudo simplesmente o faça sem interferência.

Nos primeiros nove meses da nossa vida como um ponto microscópico, e depois como um embrião em crescimento, nós e nossa mãe biológica praticamos a não interferência. Nossa sabedoria natural sabia que tudo de que precisávamos para prosperar e florescer estava sendo cuidado pela energia invisível, que parecia não realizar nada e contudo não deixava nada inacabado. Não tínhamos que nos preocupar com quando nossas unhas apareceriam, e se eles cresceriam nas terminações dos nossos dedos atrás de nossas orelhas. Nosso batimento cardíaco começou na hora certa, sem que precisássemos tomar providências para isso. Por meio de entrega e permissão, estávamos sendo formados na direção da perfeição para a qual nos inscrevemos enquanto estávamos na não existência. A energia responsável pela nossa existência sabia precisamente "o que" e "quando" fazer. Esse é o nosso genuíno "eu".

Desde o momento da concepção, estávamos envoltos nos braços da sabedoria invisível, e infinita. Permitimos que nosso verdadeiro ser se desenvolvesse no projeto perfeito que era inerente tanto à nossa não existência como à existência. Tivéssemos permanecido completamente imersos nesse estado de consciência, teríamos permanecido alinhados com nossa Fonte. Nesse cenário, não há ocasião para inquirir sobre o propósito. Esse pequeno ponto que éramos não sabia nada a respeito de acumular, realizar ou ter ambição. Ele simplesmente estava *sendo*, permitindo entregar-se à energia invisível que administra tudo.

De...

Mas em vez de permanecer nesse estado de permissão e entrega, fomos fisgados por um conjunto de crenças que colocou a ambição na frente. A parte de nós que veio da permissão, entrega e existência... tomou forma em um lugar onde foi dada uma importância fundamental à ambição. Tivéssemos sido capazes de continuar nossas vidas com aquilo de onde viemos, estaríamos existindo no mais alto grau de consciência ou realização Divina. A iluminação seria nossa, e parece que era essa a intenção. Como foi dito por Jesus: "Até mesmo o pior entre vocês pode fazer tudo que fiz e até mesmo coisas maiores" e "Não foi escrito em sua lei:" 'Eu disse, vós são Deuses?'" (João 10:34). De fato, viemos de Deus e, consequentemente, também somos Deus.

Parece que todos nós temos a tendência de mudar para a ambição. A questão é que todos nós temos a escolha para mudar e consequemente completar nosso retorno ao lugar que chamo "De...". No próximo capítulo, discutirei a fase da ambição.

• • •

Aqui está uma recapitulação, e sugestões para reencontrarmos nossa Origem.

— **Nada.** Permita-se apreciar o silêncio e a meditação. Mesmo que você não tenha uma prática organizada de meditação, dê a si mesmo tempo para simplesmente apreciar o silêncio. Desligue o que faz barulho em casa e no carro. Crie tempo para estar na natureza, longe dos sons produzidos por humanos. Aprenda a tratar suas viagens interiores como um espaço sagrado, passando repetidos momentos libertando-se, relaxando física e mentalmente. Liberte-se das preocupações, dos planejamentos, dos pensamentos, das recordações, cismas, esperança, desejos ou lembranças. Conscientemente liberte-se de cada sensação física que consiga perceber. Faça isso aos poucos. Entre em uma condição em que você pode deixar que suas posses, sua família, sua casa, seu trabalho e seu corpo deixem de existir. Experimente a felicidade interna do nada.

Quando emergir do seu silêncio, comece o processo de desligamento, abrindo mão de algo que você não usa pelo menos uma vez todo o dia. No nada, você encontrará uma maior intimidade com a Fonte de sua existência.

— **Unicidade.** Comece a visualizar-se conectado a cada pessoa que você encontra, valorizando e amando a sua parte que flui através de toda vida. Sinta sua conexão com a natureza e pratique o não julgamento e amor, começando com você mesmo. Isso significa que, quando você se sentir ofendido ou chateado, em vez de dirigir sua atenção à pessoa ou ao incidente externo, perceba o que *você* está sentindo, e onde você o sente em seu corpo. Redirecione sua atenção das circunstâncias externas para um exame de como é a percepção desse transtorno em seu corpo. Essa é a maneira como você começa a praticar unicidade. Programe seu barômetro interno a partir do amor e da aceitação dos sentimentos que esteja experimentando. Lembre-se que você é um com Deus e, consequentemente, *você* é amor. Isso é tudo que tem para oferecer; então, comece amando as partes machucadas, ofendidas ou chateadas de você.

À medida que integra a totalidade de si mesmo, reunindo as partes na unicidade que é, descobrirá a impossibilidade de estar separado de qualquer outra pessoa no nosso planeta. Simplesmente reconhecendo os momentos de raiva ou aborrecimentos como oportunidades para conhecer-se melhor, e para perdoar-se e amar-se, ampliará sua consciência da unicidade que você é. Pratique esse tipo de unicidade, e o amor naturalmente fluirá para incluir pessoas que previamente julgou.

— **Entrega.** Pratique a arte de permitir. Observe seu corpo à medida que ele passa por transformações. Os cabelos tornando-se grisalhos ou caindo, a pele perdendo a firmeza... as pequenas mudanças que ocorrem, independentemente da sua vontade. Então, pratique o mesmo tipo de não interferência com sua família, seus amigos, seus colegas de trabalho — todo mundo. Os Beatles estavam certos — haverá uma resposta se você apenas não interferir. Isso é entrega. Essa é a arte de abrir mão de sua necessidade de controlar seu mundo e todos que nele se encontram.

No movimento de recuperação, temos dito durante muitos anos: "Deixe estar e confie em Deus." Quando você pratica entrega diariamente, tudo parece se encaixar. Você veio de um lugar de bem-estar — de amor, bondade, alegria e pureza. Esse é seu "De...". Renda-se a ele. Quando me percebo querendo controlar meu destino, eu digo a mim mesmo: "Deixe Wayne. Entregue-se e confie em Deus!" Tente isso usando seu próprio nome — e veja como funciona!

Minhas tentativas de descrever de onde viemos foram mencionadas no 21º verso do Tao Te Ching:

A MUDANÇA

A maior virtude é seguir o Tao e somente o Tao.
O Tao é evasivo e intangível.
Embora amorfo e intangível, ele dá origem à forma.
Embora vago e evasivo, ela dá origem a formatos.
Embora escuro e obscuro, ele é o espírito, a essência,
o sopro de vida de todas as coisas.

Através das eras, seu nome tem sido preservado
para recordar o início de todas as coisas.
Como conheço os caminhos de todas as coisas no início?
Eu vejo o que está dentro de mim.

* * *

Eu concluo este capítulo citando minha passagem favorita do livro *Um curso em milagres*. Ela traz à memória de todos nós que saber de onde viemos é uma função de *lembrar-se*, e que não podemos destravar os mistérios da nossa origem espiritual a menos que mudemos para um lugar onde possamos, de fato, *lembrar* da nossa Fonte da existência, aqui e agora:

> A *memória* de Deus vem à mente quieta. Ela não pode vir onde há conflito; porque uma mente em guerra contra si não *lembra* da bondade eterna... O que você se *lembra* é parte de você. Porque você deve ser como Deus lhe criou... Permita que toda essa loucura seja desfeita, e vire-se em paz para a *lembrança* de Deus, ainda brilhando na sua mente quieta.

Estude cuidadosamente essa passagem e você irá desvendar o mistério que é sua verdadeira Origem da existência. Acalme-se, liberte-se do conflito, torne-se sereno, e lembre-se da bondade eterna que está dentro de você.

CAPÍTULO 2

AMBIÇÃO...

"Toda a infelicidade se deve ao ego.
Com ele vem todos os seus problemas.
Se você negasse o ego e o repreendesse
ignorando-o você seria livre..."

— Ramana Maharshi[1]

Antes do momento do nascimento, e antes da nossa fase de Ambição, cada um de nós está em completa concordância com Deus ou o Tao — ou qualquer nome que escolhemos para chamar a Fonte da nossa existência. Nesse estágio do "De...", a Ambição não é algo que cogitamos — não temos objetivos, aspirações. Não há nada que precisamos fazer ou cuidar, ninguém para impressionar ou derrotar... tudo o que precisamos fazer é apenas *ser*. Nossa existência é o que a Fonte de ser tinha como intenção: livre de interferência. Nós somos nosso "eu" autêntico. Nessa etapa, somos seme-

A MUDANÇA

lhantes a Deus de uma forma que a maioria de nós jamais tem sido desde então.

Na versão para o cinema de *A mudança,* descrevo como nos afastamos do nosso "eu" autêntico (nossa Divindade), e adotamos um falso. Chegamos neste mundo como uma criação perfeita, mas, por muitas razões, somos incentivados a abandonar esse "eu" autêntico e assumir um que é falso. Nós, e aqueles responsáveis pela nossa criação, frequentemente negligenciamos que o destino e tudo de que precisamos para cumprir nosso darma é inerente a nós mesmos. Com boas intenções, somos seduzidos para nos tornarmos um "eu" que é absolutamente oposto a quem autenticamente somos.

A natureza do nosso "eu" falso

Imagine um ser progredindo através de sua jornada de desenvolvimento aqui na Terra, aprendendo e acreditando que ele é algo diferente daquilo que veio aqui para ser. Pegue, por exemplo, um filhote de hiena que é comunicado pelos pais que ele, na verdade, não é uma hiena. Esse filhote de hiena é proibido de seguir seus instintos de brincar, afiar seus dentes, perseguir presas, correr, caçar em grupo, fazer barulho ou mastigar as carcaças dos animais que matou. Em vez disso, os pais da jovem hiena lhe falaram para cessar com todo comportamento esquisito como rir e uivar, e para ficar quieto enquanto as outras hienas caçam — em outras palavras, crer que é algo que não é.

Ambição...

O fato é que tudo que é parte da criação tem um darma. Nenhum animal, pássaro, inseto, peixe ou planta pode cultivar um "eu" falso ou crer que é algo diferente do que a Fonte criativa planejou. Ainda não há nenhuma evidência para duvidar do que Emerson uma vez anotou em seu diário: "Todos os pensamentos de uma tartaruga são tartaruga." Emerson teve o mesmo ponto de vista que apresento aqui: todos os seres de Deus são autênticos e só podem ser o que seus darmas planejaram que fossem. Os seres humanos são uma exceção da intenção Divina? Alguns aspectos do nosso desenvolvimento propõem essa questão.

Nós não continuamos a nos desenvolver como estipulado pela criação, da mesma maneira que fizemos naqueles primeiros nove meses dentro do útero de nossa mãe. Após esse período de desenvolvimento, fomos recebidos por pais, por uma cultura, e por um grande número de pessoas bem-intencionadas representando interesses religiosos, educacionais e comerciais. Elas nos seguraram, admiraram o milagre da criação, e olharam para o céu, recitando: *Ótimo trabalho, Deus! Sem dúvida, perfeito. Obrigado, obrigado, obrigado! Mas agora assumiremos daqui.* Dessa maneira iniciou-se nosso deslocamento para o bizarro e distorcido mundo da Ambição.

Nós recebemos uma orientação metafórica e nos tornamos especialistas em um vigoroso esforço de autoconvencimento de que não somos um componente da consciência Divina. Na mudança para nos tornarmos parte do mundo da Ambição, aprendemos a aspirar algo totalmente diferente

A MUDANÇA

do nosso "De...". Essa via exigiu que nos reidentificássemos de maneiras que uma hiena ou tartaruga jamais fariam!

A mudança para Ambição exige que humanos cultivem um ego, para afastar Deus. Somos treinados para acreditar que quem realmente somos é quem quer que seja e nosso ego. Passamos mais da metade de nossas vidas, em média, acreditando e contando com o treinamento a que fomos submetidos sobre a importância de ter Ambição. A próxima mudança importante é quando percebemos que o "eu" falso somente oferece promessas vazias e uma garantia de autorrecriminação e futilidade (que serão abordadas nos dois próximos capítulos).

Por ora, vamos olhar o que esse "eu" falso nos ensina à medida que atravessamos o caminho do ego e aprendemos a acreditar na importância da Ambição como uma maneira de definir quem somos.

Assumindo um ego

À medida que imergimos do mundo do Espírito no momento do nascimento, começamos a perigosa jornada de adquirir uma identidade que é praticamente contrária ao nosso verdadeiro "eu". Chamo esse desenvolvimento do ego ou do "eu" falso de "período da Ambição." Trata-se de um contraste agudo em relação ao nosso "De...", em que a Ambição era desconhecida porque simplesmente permitimo-nos existir por meio do grande Tao.

Ambição...

Dessa maneira começa a jornada de ser um joão-ninguém — e sentir-se satisfeito com a condição de ser ninguém — para ser imerso em um currículo que meu amigo Ram Dass chama de "treinamento para ser uma pessoa importante". O ego insiste que atravessemos do nada para alguma coisa, de ser um joão-ninguém para uma pessoa importante, da unicidade para dualidade, da unidade para a separação. É essa jornada que exige que coloquemos Deus à margem e que aprendamos a crer em um "eu" falso. Nesse estágio, a principal tarefa do ego é de eliminar nossa condição de joão-ninguém, encorajando a Ambição e criando uma nova (embora falsa) identidade.

A citação que abre este capítulo nos apresenta o ego como sendo a causa de nossos problemas. Se quisermos conhecer a verdadeira felicidade e viver uma vida abençoada, precisamos fazer o que Sri Ramana Maharshi diz, e aprender a *repreender* o ego. Mas o ego é perito em resistir aos nossos esforços para ignorá-lo, e fará tudo que puder para impedir-nos de sacrificarmos nossa condição de pessoa importante. O ego quer que sejamos uma pessoa importante, mais respeitável que as outras pessoas importantes!

Separei seis componentes do ego, o "eu" falso. Eles são o que nosso ego nos diz para nos convencer que somos uma pessoa importante, em vez do joão-ninguém que nós poderíamos ter permanecido. Começando com a infância e através do nosso treinamento para ser uma pessoa importante, aprendemos a acreditar neles.

Aqui está uma explicação detalhada de cada uma das seis mentiras que o ego quer que acreditemos:

A MUDANÇA

1. "Eu sou aquilo que tenho"

Desde cedo, recebemos a mensagem que não ter nada é equivalente a ser um ser humano destituído de qualquer importância como pessoa. À medida que crescemos dentro desse componente de identificação do ego, aprendemos que quanto mais coisas acumularmos, mais importante seremos. Nosso autoconceito muda. Deixamos de nos sentir valiosos por existirmos como um pedaço de Deus para avaliar nossa importância baseada em quantos brinquedos possuímos e seus valores monetários.

No filme *A mudança,* um casal bem-sucedido — que ostenta carros, roupas, casas e o fato de pertencer a clubes de campo — avalia o sucesso na vida baseando-se no extenso inventário de posses. Está claro que eles têm uma percepção igualmente desproporcional de si mesmos. Quanto mais coisas acumulam, mais eles têm de se preocupar, o que resulta em ir atrás de mais coisas, e o ciclo segue infinitamente. Isso finalmente culmina em um momento muito pungente do filme, quando o marido começa a se perguntar se sua vida inteira esteve errada.

Trata-se de uma questão interessante a ser considerada. E se passamos nossas vidas inteiras perseguindo os símbolos de sucesso, acumulando mais, e sempre nos empenhando para obter algo maior e melhor que nossos vizinhos? O refrão do ego é *mais.* Ele parece gritar das profundezas do nosso ser: "Você será feliz logo que ganhar outra coisa, algo mais caro, algo que lhe dará prestígio e poder!" Essa mentalidade de acumulação começa na infância, com nossos brin

–50–

Ambição...

quedos. Se não recordamos a nossa infância, podemos ver e ouvir uma descrição de como ela foi através das crianças de hoje: "Esses são os *meus* brinquedos! Isso é *meu!*"

Quando nos tornamos adultos, nossas versões maiores e mais caras de brinquedos são exemplos perfeitos do nosso sucesso. Quando essas posses são perdidas ou ameaçadas, sentimos que nossa importância como seres humanos é menor. O mesmo mostra-se verdadeiro quando uma outra pessoa tem mais do que nós, ou quando não temos condições financeiras de adquirir mais coisas. O problema que existe com essa mentalidade de autoavaliação baseada no que adquirimos é este: *Se somos o que possuímos, então quando não temos, não somos!*

O ego é um mestre exigente. Nosso próprio valor está em jogo. É claro que sabemos que viemos para cá com nada, e não levaremos nada com a gente quando formos embora. Contudo, durante nossa vida, o ego consegue nos aprisionar. Se nós o deixarmos, nossas coisas nos comandam e determinam nossa importância. Não é incomum que pessoas cuja identidade depende dos valores do ego caiam em depressão, é até mesmo cometam suicídio, quando seus pertences estão ameaçados ou desaparecem. Uma das minhas passagens favoritas no Tao Te Ching nos faz lembrar que o que obtemos causa mais problemas de o que perdemos, e que, estando satisfeitos, nunca ficaremos desapontados.

Esse tipo de pensamento não é aceitável para o ego, porque é a parte que acredita que nossa própria essência está conectada com o que temos, e não pode haver satisfação quando nossas posses são perdidas. Esse é o motivo pelo

A MUDANÇA

qual tantas pessoas que se esforçam para obter cada vez mais sentem-se insatisfeitas e angustiadas, e finalmente se enxergam como fracassadas quando seu inventário diminui.

De onde viemos e para onde retornaremos é um lugar onde nossos bens são desnecessários. Tudo o que atravessou nosso caminho, fetos e enquanto crianças não mimadas, nos deu uma grande sensação de realização.

Eu costumava prestar atenção às minhas pequenas crianças expressarem tanta alegria brincando com uma caixa de papelão, ou um carretel de fio, ou alguns guardanapos. Elas podiam deixar-se levar apenas observando o bater de asas de uma borboleta ou uma minúscula formiga na calçada. Elas enchiam-se de curiosidade com praticamente qualquer coisa que entrasse nas suas esferas de consciência. Isso é um vestígio do nosso "De..." — éramos assim também. Devemos levar a sério o conselho do poeta persa Rumi: "Venda sua engenhosidade e adquira perplexidade."

Nossa obsessão em possuir mais e mais e vangloriar-se sobre nossas posses é um indício de que permitimos que nosso "eu" falso torne-se a força dominante em nossa vida. Quando o "eu" falso nos define, significa que somos definidos por algo que é falso. Trata-se de uma maneira espiritualmente falida de administrar nossa vida. Quem somos não tem nada a ver com objetos ou até mesmo com nosso "eu" físico. Não precisamos de nada para nos comprovar ou validar. Somos manifestações perenes e individualizadas de Deus — ponto final. *Nós somos o que temos* é o falso credo do ego, que é encorajado pela nossa cultura.

2. "Eu sou o que faço"

Precocemente, aprendemos que o que fazemos e quão bem fazemos pode ser usado para definir-nos favoravelmente. *Ela realmente agarrou meu dedo, e ela tem apenas seis anos! Ele me encarou; ele é tão alerta. Ela segurou o brinquedo com apenas três meses de idade. Ele deu o primeiro passo. Ela disse as primeiras palavras.* Há milhares de coisas como essas que nos tornaram merecedores de elogio e permitiram que soubéssemos quão especiais e extraordinários éramos. Isso tudo é o trabalho do ego esforçando-se para nos dirigir. Aprendemos que fazer coisas — especialmente se as fizermos mais precocemente e melhor do que os outros — é recompensador. Aprendemos a ser mais humanos *fazendo* e *existindo*. Um ser humano é avaliado através daquilo que ele ou ela faz e em relação às outras pessoas que fazem. Não tenho a intenção de que essa observação seja crítica ou reprovatória. Quero apenas chamar a atenção para o fato de que ter ambição para ser um executor era a prioridade máxima nos nossos anos de desenvolvimento.

Com cada tarefa em que nos tornamos peritos (tais como engatinhar, andar, falar, andar em um triciclo e depois em uma bicicleta, e aprender a amarrar nossos sapatos), assumimos uma identidade que nos disse: "Quando você faz coisas — e as faz melhor e mais precocemente que seus colegas — então você tem valor." Fomos recompensados pelas nossas conquistas com elogios, doces, dinheiro ou qualquer coisa que nossa família usava para nos recompensar.

Novamente, sinto a necessidade de chamar a atenção que nenhum desses reconhecimentos é negativo; eles sim-

A MUDANÇA

plesmente ensinam o ser humano ambicioso a acreditar na mensagem do ego: "você é o que você faz", que é falsa. Você *não é* o que faz. Se você nunca fizesse nada durante toda sua vida, ainda seria um ser espiritual tendo uma experiência humana.

O ego almeja a confirmação do nosso valor por meio de indicadores. O Espírito age de maneira totalmente diferente. *Casa* está além da compreensão do ego, como a entidade espiritual conhecida que Emmanuel diz:

> *Sua mente não conhece o caminho.*
> *Seu coração já esteve lá.*
> *E sua alma nunca o deixou.*
> *Bem-vindo à casa.*[2]

Nossos ensinamentos nos convencem que quem somos é definido pelas nossas realizações. Nosso sistema educacional também enfatiza realizações. O aluno brilhante é facilmente reconhecido como *uma pessoa importante*. Quando somos reprovados em um exame, nossa autopercepção é de um sentimento de fracasso, e tais conceitos fortalecedores do ego tornam-se nossa realidade. Da pré-escola até a faculdade, as mensagens são semelhantes: somos definidos por quão bom é o nosso desempenho. Se não nos saírmos bem, somos rotulados "como alguém que tem um desempenho abaixo do esperado". O conceito de Ambição como um indicador de quanto valor temos, tanto diante de nossos colegas e até mesmo em relação a Deus, é firmemente consolidado na nossa consciência.

Ambição...

Essas ideias são transferidas em cada aspecto do nosso ego em desenvolvimento. O ditado popular "Ganhar não é tudo, é a única coisa" torna 50% dos competidores em perdedores, visto que toda competição que tem um ganhador também deve ter um perdedor. Em todas as áreas da vida, qualquer coisa que fizermos tende a definir nossa importância. O artista cujo portfólio é considerado inferior ao de outro sente-se menos importante como ser humano. O cantor que não alcançar o topo sente que tem menos valor.

O treinamento do ego continua na idade adulta, frequentemente eliminando qualquer autoconceito baseado na nossa Divindade. O treinamento do ego nos conduz para um sentimento de insignificância diante do nosso escasso portfólio, em comparação com aqueles que realizaram mais. A verdade é que não precisamos fazer coisa alguma para sermos dignos e valiosos. Se não tivéssemos feito nada, mas fôssemos apenas semelhantes a Deus, cumpriríamos nosso próprio darma. Ironicamente, teríamos criado um currículo maior e mais impressionante.

Nesse exato momento, estou escrevendo sem agir. Isso mesmo. Simplesmente permito que ideias passem através de mim para esta página. Não estou ocupado escrevendo, esforçando-me, trabalhando — estou simplesmente relaxando e permitindo Deus, assim como faço com meu coração, pulmões, meu sistema circulatório, e todo o resto que o "eu" físico abrange. Permito-me ser, não pensando grande ou estabelecendo metas ambiciosas, mas por meio da recordação do conselho de Lao-tzu no Tao Te Ching:

–55–

A MUDANÇA

A prática do Tao envolve uma diminuição diária;
Diminuição até que nada esteja sendo realizado.
Ironicamente, quando nada está sendo realizado,
nada pode permanecer inacabado.

O verdadeiro domínio do mundo pode ser alcançado
permitindo que as coisas assumam seu curso natural.
Ele nunca pode ser obtido por meio de interferência.

Sim, isso de fato é paradoxal, e aponta exatamente para a maneira como toda a criação acontece. Deus não está fazendo nada, contudo não está deixando nada inacabado. Se nós dissuadirmos o ego *destruindo-o com desatenção*, realizamos aquilo que viemos aqui para fazer e ser, *existir*. Nossas unhas crescem, nossa comida é digerida e nosso coração bate sem que tenhamos de fazer nada.

No filme *A mudança*, David, o cineasta frustrado, esclarece o que estou escrevendo. Sua personagem tem problemas que surgem a partir da crença do ego: *eu sou o que faço*. Se ele não consegue fazer o filme, perde a felicidade e a alma. É somente quando David começa a relaxar, a dedicar alguns minutos para estar *no* presente e deixar entrar as ideias do filme, que a *mágica* acontece. Repetirei o que se tornará um tema conhecido: "Se somos aquilo que fazemos, então quando não fazemos ou não podemos, não somos." Acredito que precisamos dar uma atenção especial a esse detalhe.

A maioria das pessoas criadas no mundo moderno é cética em relação a não fazer nada. Somos acostumados com a Ambição desde cedo, e particularmente com a expressão

–56–

Ambição...

"fazer mais". Contudo, precisamos considerar os aspectos reais e perturbadores de acreditar que somos aquilo que fazemos.

No filme, David perde seu senso de valor próprio devido aos ensinamentos do ego. Ele torna-se deprimido e sente-se totalmente perdido — tudo porque incorporou os ensinamentos do ego de que ele é definido como um indivíduo importante por aquilo que realiza. Então, para David, não possuir o projeto do filme faz com que ele se sinta uma pessoa sem valor. Trata-se de uma conclusão equivocada, baseada em uma existência a partir do falso "eu".

Esse é o perigo de escutar o ego em vez de nosso verdadeiro "eu". Toda vez que sentirmos como se tivéssemos fracassado, colocamos em risco nosso valor como ser humano. Se estamos doentes ou feridos e não podemos mais produzir de acordo com nossos padrões, nos tornamos candidatos à depressão ou somos suscetíveis a um grande número de doenças. À medida que passamos pela experiência de ver nosso corpo envelhecer naturalmente, percebemos uma gradual diminuição de habilidades físicas. É bem provável que a geração posterior à nossa supere nossas realizações — o que sempre acontece nos esportes. Se não somos mais capazes de realizar, parece que nosso mérito como um ser humano deixa de existir. Esse cenário só é verdadeiro se ouvirmos um falso mestre — o ego.

Alcancei a idade à qual muitos se referem como "a hora da aposentadoria". Mas tenho praticado a destruição do meu ego sob esse aspecto por várias décadas. Não sou meu trabalho. Não sou minhas realizações. Não sou meu currí-

A MUDANÇA

culo. Vivo, respiro e trabalho a partir do meu verdadeiro "eu". Como já afirmei aqui, não *faço* a escrita — *sou* a escrita, e a escrita sou eu. Simplesmente obedeço ao conselho de Lao-tzu de existir por meio do grande Tao, que anima todas as coisas sem fazer nada. Sendo assim, como é possível o conceito de aposentadoria? Como posso aposentar-me de quem sou? E quem eu sou permite a realização deste livro, da fala e todo o resto que faço.

Meu conselho sobre abdicar as suposições do ego é para vivermos a partir do nosso "eu" mais verdadeiro. Então, quando formos capazes, devemos substituir a Ambição por Propósito. Quando realizamos essa mudança, vemos o absurdo que é aposentarmos de quem nós somos. Sempre reconheci a qualidade da observação de Picasso em relação a nos avaliarmos a partir daquilo que fazemos: "Enquanto trabalho, deixo meu corpo do lado de fora, da mesma maneira que os muçulmanos tiram seus sapatos antes de entrarem na mesquita."[3] Podemos tratar o trabalho dessa forma, deixando nosso corpo do lado de fora e permitindo que a alma nos conduza.

3. "Eu sou aquilo que os outros pensam ao meu respeito"

Durante toda a vida, somos bombardeados por mensagens do ego tentando nos convencer de que nosso valor vem das observações e opiniões dos outros. Novamente, esse falso "eu" declara como verdade que alguma coisa ou alguém externo a nós é responsável por nossa legitimidade. E, no-

Ambição...

vamente, é necessário que nos lembremos de quem verdadeiramente somos. Somos pedaços Divinos da totalidade das manifestações individuais de Deus, criadas a partir do grande vazio. Nossa conexão com o eu Divino permanece saudável e forte, enquanto reconhecermos e repudiarmos a falsa ideia de que a validação da nossa autoestima é externa à nossa existência.

Infelizmente, é verdade que somos ensinados desde cedo a acreditar mais nos pareceres dos outros a nosso respeito do que nos nossos. Pais, irmãos, amigos e professores são mais respeitados do que nós somos. Somos convencidos de que, se qualquer pessoa desse grupo expressar um desagrado em relação a nós, devemos respeitar o ponto de vista dele ou dela. Esse mergulho nos falsos ensinamentos do ego gradualmente corrói nosso sentido de valor, induzindo-nos a duvidar de nossa Divindade.

A autoestima origina-se de crenças positivas internas sobre nós mesmos, não da aprovação dos outros. O guia de sobrevivência do ego diz que somos seres físicos sem essência espiritual. Ele adota a falsa ideia de que nosso valor é determinado pelo que os outros escolhem pensar a nosso respeito. Se soubermos verdadeiramente quem somos, podemos ignorar essas mensagens e simplesmente respeitar as opiniões de nossos companheiros — simplesmente seus pareceres.

Infelizmente, o ego tenta (e com bastante sucesso) repelir a consciência em relação à natureza espiritual. Sem o conhecimento de sua influência, passamos muito tempo tentando conquistar a aprovação de todos que encontramos.

A MUDANÇA

Quando não recebemos essa aprovação, começamos a aceitar essas avaliações e despendemos muitos momentos de nossa vida tentando ser o que pensamos que outra pessoa quer que sejamos.

Acreditar que quem somos é definido pelo que outras pessoas pensam a nosso respeito interfere na espontaneidade do verdadeiro "eu". Se outros expressam desagrado, e suas opiniões nos definem, então nos modificamos ou desaparecemos de vista. A imagem de si próprio encontra-se neles, e quando eles nos rejeitam, definitivamente deixamos de "existir". A maneira do ego lidar com esse dilema é adaptar-se à opinião de todos os outros. Se eles pensam que somos estúpidos, tentamos convencê-los a pensar de outra forma, tentando ser a pessoa que eles desejam que sejamos. Existimos apenas como uma reflexo do que os outros pensam.

O fato é que quem você é não tem absolutamente nada a ver com quaisquer pensamentos ou opiniões que existam em qualquer outra pessoa neste mundo. Ponto final. Aquela pessoa cuja aprovação você desesperadamente buscou pode mudar de opinião amanhã; e em vez de pensar que você é inteligente, talentoso e bonito... pode decidir que você é um pateta desagradável. Se você prestar atenção ao seu verdadeiro "eu", tais julgamentos não o afetarão. Porém, se seu falso "eu" dominar os pensamentos, será desgraçadamente influenciado. Esta é a maneira como o ego lhe seduz a desdenhar de seu verdadeiro "eu".

Quando a busca pela aprovação é o princípio orientador da vida, é impossível alcançar um relacionamento amoroso com outro ser humano. Não podemos entregar aquilo que

Ambição...

não possuímos. Não podemos dar amor e respeito quando temos que os encontrar nos julgamentos dos outros. O ego contribui para um estado permanente de receio, confusão e infelicidade.

Então, qual é a relação que toda essa busca por aprovação e baixa autoestima tem com a Ambição? A resposta breve é que somos ensinados a perseguir, com toda a ambição possível, aprovação e legitimação de praticamente todos em posições de autoridade. Ambição quase sempre significa colocar sua própria vida e opiniões em segundo plano. Aprendemos a agradar pais, professores, autoridades e patrões. E como isso é feito? Classificando suas opiniões acima das nossas. Esse é um processo que é desempenhado dia sim, dia não; mês sim, mês não; e ano sim, ano não, frequentemente em um nível subconsciente. O resultado é um falso "eu" baseado no ego.

Quando damos mais crédito às opiniões dos outros do que nossas próprias autoavaliações, nós negamos a sabedoria que nos criou. Quanto mais incorporamos essas crenças egoístas, mais tendemos a acreditar em nossa própria importância. Nosso impulso para acumular e realizar finalmente faz com que esqueçamos que nosso valor intrínseco é nossa conexão com o "eu" espiritual. Em outras palavras, nossa conexão com a Fonte de existência torna-se incerta em favor de agradar as ideias do ego!

Essa é uma importante lição, que tenho aprendido ao longo dos anos. Quando falo ou escrevo, encontro opiniões que são diferentes das minhas. Sei que se falar para mil pessoas, haverá mil opiniões distintas a meu respeito. Minha

A MUDANÇA

reputação não está localizada em mim, está nas pessoas que leem e prestam atenção ao que tenho a dizer. Consequentemente, aprendi a não me preocupar com minha reputação. Visto que ela não se encontra *em* mim, foco a atenção sobre minha própria personalidade, em vez da opinião dos outros ao meu respeito. Minha principal relação na vida é com minha Fonte de existência (com Deus, por assim dizer). "Não presuma que qualquer pessoa possa ter uma verdadeira fé em Deus se não tiver fé em si mesmo", é um ditado de Paramananda, que compartilho intensamente. Se optar por abrir mão de ter fé em mim ouvindo meu ego, então não posso ter fé na Fonte da minha existência — elas estão sempre entrelaçadas.

Esses três primeiros componentes do ego (*Sou aquilo que tenho, aquilo que faço e o que os outros pensam a meu respeito*) concentram-se no seu desejo de construir a crença de que somos o centro do universo, assim como somos avaliados de acordo com quantas coisas acumulamos, quanto realizamos e quantos prêmios conquistamos. Isso é, nossas aquisições, realizações e reputações são de suma importância.

Os próximos três componentes do ego estão organizados ao redor do desejo de destacar-se como original, único e distinto de todos e de todo o universo.

4. "Sou distinto de todos os outros"

No sentido do ego, a Ambição quer que acreditemos que somos o único que importa. Se somos bem doutrinados

Ambição...

nessa crença do ego, é muito difícil contemplar a ideia da Terra existindo sem nós, ou da Terra tendo um propósito para estar aqui! A palavra-chave nesses três componentes finais do inventário do ego é *separação*.

Se acreditarmos que somos separados e distintos de todos os outros, nós cumprimos o falso programa do "eu". Mas lembre-se que emergimos da não existência, caracterizada pela unicidade. Permita que essa declaração de Thomas Merton se instale dentro de você: "Nós já somos um. Mas imaginamos que não somos. E o que temos de recuperar é nossa unidade original." As palavras de Merton soam autênticas e negam o insistente decreto de separação do ego.

O ego insiste na separação porque essa é a maneira como ele mina a submissão ao verdadeiro "eu". Quando reconhecemos e respeitamos nossa ligação para com os outros; com o ar que respiramos, a água que bebemos e nossa dependência do sol; e de forma mais importante, com a Fonte invisível que nos anima, o ego pode retornar para seu lugar de direito.

A alegação de Ramana Maharshi de que "não há outros" é deliciosa e intelectualmente instigante e, para mim, tira completamente o ego da jogada. O ego sobrevive e prospera baseando-se na nossa crença de separação dos outros. A separação serve como um fator motivacional na nossa jornada de ambição, porque ela nos leva a exercitar nossa mentalidade de comparação com pensamentos tais como: *Sou mais bonito/a, inteligente, talentoso/a, um/a melhor profissional* e assim por diante. Com essa atitude firmemente estabelecida, insistimos no assunto de provar nossa superioridade em

A MUDANÇA

relação aos outros. Se estamos cientes de que não há separação — não há outros — não precisamos provar nossa superioridade.

Em contrapartida, quando a ligação que temos com os outros governa nossas crenças, não precisamos derrotar ninguém, lutar pelo que identificamos como nossos direitos, iniciar uma guerra, tirar proveito de terceiros, ou tentar continuamente ser alguém que consideramos um vencedor. Em vez disso, enxergar a revelação de Deus em todos não constitui um conflito, já que nos vemos nos outros. Compreendemos a sabedoria desta observação: "Quando você julga outras pessoas, não as define; você define-se como alguém que precisa julgar." Somos incapazes de compreender a ideia de "inimigo" e consequentemente incapazes de participar do assassinato ou declarar guerra contra qualquer membro da humanidade. Como os índios americanos adoram afirmar: "Nenhuma árvore tem galhos tão imbecis a ponto de lutarem entre si."

A história da humanidade revela que estamos em guerra com cada um dos galhos da mesma árvore por mais de 95% da história documentada. Esse é o resultado do ego nos convencendo que somos separados e precisamos lutar, controlar e conquistar os "outros", que vivem na outra margem do rio, falam uma língua diferente praticam uma religião diferente, ou têm atitudes culturais distintas. Competitividade, combates, trapaças, ódio e conflitos de todos os tipos se originam do falso "eu" que o ego cria, quando permitimos que nos convença a preservar a ilusão da nossa separação.

A ambição é frequentemente um ímpeto para se sobressair, julgando-nos superiores a "eles" A realidade é, *eles*

Ambição...

somos nós. Em vez de perceber nossa unicidade, focamo-nos nas diferenças perpetradas pelo ego. Como Lao-tzu afirma no Tao Te Ching:

Não há perda maior
Que sentir: "Tenho um inimigo",
Pois quando "eu" e o "inimigo" coexistem
Meu tesouro torna-se obscuro.

O tesouro é a energia universal unificadora que está presente em todas as coisas: o Tao onisciente.

Referente à necessidade do ego de crer na separação, os Upanishads (textos filosóficos da religião hindu) afirmam: "Quando, para um homem que compreende, o 'eu' tornou-se todas as coisas, que mágoa, que problema que ele, que em outro tempo observou essa unicidade, pode ter?" Isso é esclarecido no filme *A mudança*. O executivo, Chad, crê de tal modo na sua separação que ele administra sua companhia sem se preocupar com o impacto disso nos outros ou no meio-ambiente. Porém, perto do fim do filme, ele começa a perceber o entusiasmo com o qual Joe, o proprietário do resort onde Chad e sua mulher estavam hospedados, servia aos outros. À medida que Chad escrevia um vultoso cheque para doar à instituição de caridade House of Promise and Hope, seu sorriso nos diz que ele reconheceu que a vida é mais importante do que ganhar dinheiro às custas dos outros.

A MUDANÇA

5. "Estou separado daquilo que falta em minha vida"

Um antigo conto narra a história de um menino que morava numa pequena aldeia. Esse menino possuía qualidades de um avatar (reencarnação terrestre de uma divindade, segundo a mitologia hindu), e pessoas eram curadas por ele. Muitos aldeões falavam de sua capacidade de ser visto em dois locais distintos simultaneamente. Sua feição era serena, e ele irradiava tranquilidade. Os anciões da tribo imploraram para que esse jovem avatar lhes contasse os segredos de Deus e do universo. Um deles suplicou: "Dar-lhe-ei uma laranja se me disser onde Deus está." O jovem santo respondeu sem hesitação: "Dar-lhe-ei agora duas laranjas se você conseguir dizer-me onde Deus *não está*."

O quinto componente do ego, nosso falso "eu", recusa-se a crer que não há lugar onde Deus não esteja. (*Deus* é a palavra que emprego aqui em referência à Fonte criativa responsável por toda a criação.) O ego tem um interesse pessoal na nossa crença de que há coisas que faltam em nossa vida. Ele insiste que não estamos conectados com a Fonte criativa invisível, porque obtém sua identidade afastando Deus. Se começarmos a acreditar que estamos permanentemente ligados à Deus, desaparece a justificativa para existência do ego. Se não há lugar onde Deus não exista, então Deus está em cada um de nós, assim como em tudo que nossos sentidos interpretam como ausente em nossa vida. Isso significa que, de alguma maneira invisível, estamos conectados com tudo que percebemos como ausente. A pergunta talvez seja: como manifestamos as coisas que desejamos e que aparen-

Ambição...

tam não estarem disponíveis? A resposta é que nos realinhemos de um modo que permita que àquilo que buscamos se harmonize espiritualmente conosco.

Mas o ego quer que nos empenhemos, que estabeleçamos metas, que tenhamos pouca fé, que disputemos com todos os outros indivíduos que também buscam as mesmas coisas que faltam — até brigam por elas — e finalmente que sejamos um buscador insatisfeito. Por que insatisfeito? Porque o método do ego não permite chegar ao sentido de viver pacificamente e com satisfação no precioso momento presente. O método do ego é de ser ambicioso no sentido da procura, do esforço e de sempre querer mais. O ego emprega sua força para nos encorajar a sermos uma pessoa ambiciosa.

O ego define a Ambição como um esforço para ser melhor do que todos os outros, vencer a todo custo, acumular mais coisas, e de ser considerado pelos outros bem-sucedido. Obviamente, o ego precisa que rejeitemos qualquer ideia de sermos conectados em unicidade com tudo que existe no mundo. Em vez disso, devemos provar alinhamento com a Ambição, possuindo metas e objetivos elevados. Quanto maiores as metas, mais elevada é a condição que conquistamos como homens e mulheres ambiciosos. E quanto mais crermos que nossos objetivos e planos devam ser ambiciosos, mais cientes estamos daquilo que falta.

O ego grita: "Quem você é não basta! Você não percebe que não tem coisas suficientes? Seus recursos para adquirir todas as coisas da qual necessita para provar seu valor são escassos. Se não for atrás delas, alguém chegará primeiro!

A MUDANÇA

Então você terá de competir com eles pela quantia limitada disponível!" Essas mensagens impedem que vivamos nossas vidas da perspectiva do nosso verdadeiro "eu".

Nosso verdadeiro "eu" sabe que não necessitamos de mais uma coisa para sermos dignos, e que crer que precisamos de qualquer outra coisa para sermos felizes poderia ser uma definição de insanidade. Ele também sabe que neste universo não há escassez. Mas o ego está apavorado em relação à nossa convicção de que a fartura e a satisfação são facilmente disponíveis. O ego necessita que sejamos convencidos de que a Ambição é uma maneira saudável de atenuar nosso descontentamento com todas as coisas que estão faltando em nossa vida. Mas nunca apagaremos completamente esse descontentamento! A Ambição nesse sentido pode significar passar uma vida inteira esforçando-se para chegar em outro lugar, que, quase imediatamente, será necessário ser trocado por algo melhor. Essa rotina competitiva continua mobilizada pela ideia de que nunca há o bastante.

Porém, temos o poder de eliminar a inconsequente ideologia do ego de esforçar-se, e no lugar disso viver em uma condição de satisfação. Nesse processo, nossa conexão com todos e tudo será esclarecida. Em vez de nos esforçarmos por aquilo que percebemos que está faltando, e então sermos incapazes de encontrar satisfação, podemos relaxar em harmonia com a Fonte da nossa existência. Portanto, não há necessidade de afastar Deus, uma vez que estamos repousando na unicidade. Não há necessidade daquele ego incômodo.

Deus (Espírito ou Tao) está em todos os lugares.
Consequentemente, Deus está em mim.
Deus está em tudo que percebo que esteja faltando.
Conclusão: estou conectado pelo Espírito com tudo
que vejo como faltando.
Ação sugerida: alinhe-se com o Espírito e veja que
aquilo que aparentava estar faltando começa a
aparecer.

O naturalista John Muir descreveu esse fenômeno da seguinte forma: "Quando tentamos distinguir apenas uma coisa, nós a encontramos ligada a todo o resto do universo." Precisamos simplesmente nos atentar para essa verdade fundamental, e ignorar a insistência do ego de que devemos nos esforçar muito para conseguir o que queremos.

6. "Estou separado de Deus"

Neste sexto componente, o ego continua a descrever eficientemente nossas ações de afastar Deus por acreditarmos que não somos os mesmos em relação àquilo de onde viemos. A essência Divina e nosso "eu" permanecem em compartimentos distintos e separados. O ego fica apavorado quando acreditamos que somos um pedaço de Deus. Sua posição de liderança estará condenada se nós verdadeiramente concretizarmos nossa Divindade. Obviamente, uma das principais funções do ego é de nos fazer crer que somos duas entidades muito distintas e separadas.

A MUDANÇA

A consciência coletiva da humanidade nos influencia a crer em um deus elaborado pelo ego. Algumas das qualidades dessa divindade são: ele escolhe um favorito, almeja opulência, fomenta matanças e guerras em seu nome, aceita indulgências para favores especiais, pune maus comportamentos e necessita ser vingado. Essas e muitas outras ações exemplificam um deus criado pelas ilusões do ego coletivo.

Ao longo da história, esse criador projetado pelo ego e construído pelo homem vem sendo caracterizado como separado de nós. Quem entre nós não viu Deus retratado como um inanimado homem branco com uma extensa barba, flutuando ao redor dos céus com poderes sobrenaturais, zelando por nós como um mensageiro cósmico, que, às vezes, responde a nossas preces, dependendo dos Seus caprichos e se obedecermos as Suas regras? Essa entidade não é vista como uma fonte que provê tudo, mas sim como uma superpotência temperamental que retém Seu talento para resolver nossos problemas ou curar nossas doenças, dependendo de Sua disposição para nos conceder uma atenção especial. Esse é um criador do ego, inventado pelo ego e dedicado para ocupar-se de suas reivindicações. Esse é um criador que deve, em virtude do próprio ego, ser separado das pessoas que ele tem a necessidade de cuidar, controlar e punir quando necessário.

O que é necessário para deslocar-se desse sistema prejudicial de crença? Certamente, a destruição do ego, como sugerido por Ramana Maharshi na citação que abre este capítulo, é simbolicamente atraente. No filme *A mudança*, aconselho pensar a respeito da nossa relação com Deus ou

Ambição...

o Grande Tao imaginando o oceano como uma alegoria divina, e nós mesmos como um pequeno copo de água desse oceano. Se perguntados o que se encontra no copo, falaríamos: "Um copo de Deus. Não é tão vasto ou tão poderoso, mas ainda assim é um copo de Deus." Se esvaziarmos o copo de água na calçada, veríamos o líquido desaparecer à medida que evapora. Finalmente, ele retornará à sua fonte. Enquanto a água do oceano estiver no copo, separada de sua fonte, carece do poder do mar. Mas quando reúne-se com sua fonte, novamente faz parte de um poderoso oceano. Aquela água na calçada desconectada de sua fonte é um símbolo do ego.

• • •

Na segunda metade deste livro, descobriremos como manter nossa conexão com a Fonte e nosso autêntico "eu". Aprenderemos como mudar da Ambição do ego — e a inevitável evaporação do seu poder — para a unicidade de um jubiloso Significado, em que constataremos que somos muito mais que nossas posses, realizações e reputações. Essa mudança elimina nossos sentimentos de separação, e ilumina nossa conexão espiritual.

• • • • •

CAPÍTULO 3

PARA...

Completamente despreparados, damos um passo em direção à tarde da vida; pior ainda, damos esse passo com a falsa suposição de que nossas verdades e ideais nos servirão como fizeram até agora. Mas não podemos viver a tarde da vida de acordo com o programa da manhã da vida; pois o que foi ótimo na manhã será pouco à noite, e o que na manhã foi verdade terá tornado-se uma mentira à noite."

Os estágios da vida, Carl Jung[1]

O título deste capítulo representa o passo que tomamos *para longe* das exigências do ego (o falso "eu" que prospera por meio da Ambição) *em direção ao* verdadeiro "eu" (o qual é alimentado e também alimenta). Jung emprega a "manhã da vida" como uma alegoria para exemplificar que desde cedo permitimos que o ego seja a influência dominante. Contudo, chega uma hora que a influência do ego é tão inadequada e imprópria que pode ser considerada uma mentira.

A MUDANÇA

Carl Jung está dizendo que todas as "verdades e ideais" que aprendemos durante os anos de construção de uma crença no falso "eu" são guias ineficazes para a tarde e a noite da vida. A mudança inicia-se entre as assim chamadas manhã e tarde, quando começamos a querer encontrar "algo a mais" em nossa existência. Então iniciamos uma mudança para uma vida que é dirigida pelo clamor da nossa alma por algo significativo, no lugar das escassas ofertas do ego. Jung adicionalmente nos alerta que no fim das contas a orientação do ego é falsa quando aplicada às metáforas da tarde e noite.

Este capítulo examina a mudança de direção que o ego deseja que tomemos, dando uma guinada completa de volta à nossa "Origem". Ainda muitíssimos vivos, colocamo-nos a caminho para realização do darma — o Significado de nossa vida. A guinada completa é uma mudança da Ambição de volta ao nosso ponto de origem para cumprir a promessa da tarde e noite da nossa vida. Essa promessa é uma vida impregnada de propósito.

A guinada completa

A *direção* que tomamos na vida é muito mais significativa que o *local* que o ego nos coloca, no presente momento. Por exemplo, perguntar-nos sobre nosso rumo é mais importante do que focar em quanto pesamos ou quando fumamos nosso último cigarro. Comprometer-se a alterar um estilo de vida que é prejudicial a si mesmo é realizar uma

Para...

promessa para mudar de direção, e então seguimos rumo à perda de peso ou ao controle do vício. Deslocar-se em direção a algo importante e significativo é, de fato, mais recompensador.

Se nós, persistentemente, dermos ouvidos às exigências do ego, nos afastamos da Origem da nossa existência. O ego insiste em perseguir mais: mais coisas, realizações, *status*, triunfos e dinheiro. *Mais* é o mantra do ego, abastecendo um esforço sem fim com uma falsa promessa de chegar no devido tempo. Contudo, cada ponto de chegada assegurado é sedutoramente transformado em um desejo para obter ainda mais, a menos que escolhamos realizar uma mudança na direção que nossa vida estiver tomando. A mudança inicia-se no processo de parar o ímpeto e a importância do ego, mas então devemos prosseguir com a tarefa de o descarrilhar e o redirecionar. Isso não significa que percamos nosso ímpeto; significa que nosso ímpeto está realinhado com uma vida baseada em experimentar Significado e sentir-se importante.

A Ambição é agora abastecida pela Origem da existência, e está vibrando numa frequência mais elevada que o falso "eu" abastecido pelo ego. Retornando para nossa Fonte natural, a "Origem" que descrevi anteriormente como nosso ponto de partida nos coloca nos trilhos de um estilo de vida que fornece amparo à potencial totalidade que somos.

Aqui estão algumas das indicações da nossa disposição de dar a guinada completa da Ambição para o Significado.

-75-

A MUDANÇA

— **A insistência repetitiva do ego de fazer e possuir mais torna-se menos atraente.** Começamos a perceber um interesse em para onde estamos indo. Gradualmente, poderemos ouvir uma parte de nós mesmos que sussurra indagações tais como: "Isso é tudo que há?", "Qual o propósito disso?" e "Qual é o sentido?" Começamos a questionar a parte do ego que aparenta estar no comando, nos falando que a vida é o que fazemos e possuímos. Começamos a mudar nossa atenção para nossa Origem, que está declarando exatamente o oposto.

O Tao Te Ching nos instrui a abrir mão de tudo, de remover nossos laços. Esta parte do 81º verso fala particularmente para a voz desafiadora do ego:

Sábios não acumulam nada,
mas dão tudo para os outros;
Tendo mais, mais dão.

Percebemos que a vida começa a assumir uma direção distinta quando entramos nos trilhos, voltando para o lar no sentido metafórico. Começamos a compreender que possuímos mais nos desligando da necessidade de adquirir e acumular. Esse ponto específico é ressaltado no filme, quando Chad, o diretor-executivo, desliga-se do seu desejo de adquirir enquanto preenche seu cheque de doação à House of Hope and Promise. Segue-se uma cena em que ele presenteia sua esposa com flores selvagens, que simbolizam sua decisão de alterar a direção de sua vida.

Para...

Alterar o rumo de uma falsa existência para uma autêntica não significa que somos incapazes de atrair fartura e prosperidade, ou que perdemos nossa vontade de sermos produtivos. *Significa* que sentimos a beatitude natural de estarmos sintonizados à nossa totalidade.

— Começamos a fazer menos. Nossa fonte de existência nos encoraja a sermos como o Tao e fazer menos. Lao-tzu afirma que fazendo nada, tudo é feito. Igualmente, Jesus nos diz: "Olhai para as aves do céu, que nem semeiam, nem acumulam celeiros; contudo vosso Pai celestial as alimenta." (Mateus 6:26.) Essa mudança afasta-se da Ambição de "conquistar todo o mundo," do qual Jesus refere-se quando pergunta: "Pois que aproveita o homem ganhar o mundo inteiro e perder sua própria alma?" (Marcos 8:36.)

Na jornada do *Para...* — isso é, de volta a nossa natureza original — fazemos mais do que o movimento de recuperação ensina, quando "relaxamos e permitimos Deus." Sem nos pressionarmos para realizar a qualquer custo, alcançamos a magnífica posição de realizarmos mais, e no final das contas sentimos mais significado na nossa vida.

— Começamos a evitar sermos o centro da atenção e a atuar mais a partir das sombras. Nossa Fonte de existência afirma que a humildade deve ser nosso foco principal. Mas durante anos, o ego vem eficientemente nos convencendo que devemos nos focar em adquirir uma reputação para ser uma pessoa ambiciosa. Na mudança de Ambição para Significado, absorvemos a verdade do Tao e nos descobrimos

A MUDANÇA

seduzidos por afirmações tais como esta, do verso 73: "É a maneira dos céus de conquistar sem esforçar-se." Nosso desejo por elogios desloca-se para o oposto dos decretos do ego. Jesus, de forma semelhante, fala em oposição ao ego quando afirma, "Pois aquele que entre vós todos é o menor — esse é o maior de todos" (Lucas 9:48). Imagine a dificuldade que o ego tem quando começamos a praticar esse tipo de extrema humildade!

O ego floresce da aprovação dos outros e dos elogios que recebemos, então não é surpreendente que aprendamos a abraçar um estilo de vida de aprovação. Temos buscado aprovação desde a infância. À medida que mudamos nossa direção e começamos a reduzir nossa importância, porém, tornamo-nos independentes das opiniões positivas e negativas dos outros.

— **Uma crença em unicidade substitui nossa crença em separação.** O ego há muito tempo vem insistindo que somos separados de todos os outros e, portanto, especiais. A persistente convicção em separação tem significado que constantemente nos comparamos uns com os outros e competimos pelo que desejamos — aprendemos a lutar e fomos para a guerra para manter esse conceito. Conflito é uma parte necessária da crença do ego em separação, e a necessidade de dominar e destruir outros é um componente dessa mentalidade.

À medida que retornamos para nossa "Origem", um sentimento de unicidade começa a substituir a separação. Nossa Fonte de existência nos diz que somos todos ligados,

Para...

então começamos a nos sentir menos competitivos — nosso desejo de dominar é substituído por compaixão, e controlar os outros deixa de ser interessante. A linguagem do Espírito nos instrui, na linguagem do Tao Te Ching, a "nunca pensar em conquistar os outros pela força. Aquele que se esforça pressionando logo se destruirá. Ele não está sintonizado com o Caminho". Todos os conflitos, sendo eles na nossa vida pessoal ou no mundo, derivam do afastamento da nossa Fonte de existência. Graças à sua crença em separação, o ego nos guia em direção à força em vez de à autoridade. As palavras de Jesus novamente estão em harmonia com o venerável Tao. "Bem-aventurados são os pacificadores, pois eles serão chamados filhos de Deus" (Mateus 5:9).

Uma das personagens do filme *A mudança* está completamente sintonizada com sua unicidade com os outros. Seu nome é Joe, e inicialmente não é claro se ele é um porteiro, um jardineiro ou um garçom. Mas é evidente que seu ego é despretensioso; ele age de uma maneira calma, sensível e verdadeiramente feliz a serviço de todos os hóspedes do *resort*. Para Joe, significado e propósito substituíram qualquer necessidade de ambição e controle. Durante o filme, ele exemplifica o tipo de comportamento que ocorre quando estamos cientes da unicidade que nos une.

— Começamos a compreender que somos ligados em Espírito a tudo que percebemos que está faltando em nossa vida. Durante a manhã da vida, o ego insiste que somos separados de tudo que está faltando em nossa existência, e que devemos perseguir nossos desejos. Ele instiga a nos

A MUDANÇA

esforçarmos, empenharmos, lutarmos, trabalharmos duro e empregarmos uma abordagem resoluta à vida — ele insiste que essa é a forma de obtermos êxito e sermos considerados bem-sucedidos pelos nossos colegas. Convencidos de que somos separados, concluímos que aquilo que falta é devido à nossa separação. Contudo, viemos de uma unicidade onde não há tal coisa. Nossa Fonte de existência amavelmente nos faz lembrar que somos conectados com tudo, então devemos ser conectados com aquilo que pensamos estar nos faltando.

Este capítulo enfatiza que mudemos ou retornemos *Para* algo que o ego não tem familiaridade. O Tao Te Ching faz com que lembremos que o grande Tao é onipresente, significando que não há lugar onde ele não esteja. E Jesus proclama: "o reino de Deus está entre vós" (Lucas 17:21). O ego, por outro lado, define o estar separado como separação de tudo que não podemos compreender com nossos sentidos.

Quando retornamos na direção do local onde nos reconectamos novamente à Fonte de nossa existência, a jornada é simbolizada por meio de um alinhamento em que pensamos e agimos como o Tao, que flui para todos os lugares e inclui todas as criaturas, mas não as domina. "Todas as coisas retornam ao Tao como sua casa, mas ele não se faz senhor sobre elas." À medida que nos movemos nessa direção, não há possibilidade de deficiência ou carência. Nos tornamos satisfeitos e gratos por tudo que possuímos.

— Começamos a confiar na sabedoria que nos criou. O ego constantemente nos desaconselha a crermos em nossa Divindade, insistindo que somos separados de Deus. Porém, nossa Fonte de existência nos diz que somos um pedaço inseparável Dele. Se acreditássemos no ensinamento de Jesus "Eu e o Pai somos um" (João 10:30), então não haveria necessidade para o ego.

À medida que embarcamos em nossa viagem de retorno, vemos a insensatez de continuar a crer que nossa Fonte de existência poderia alguma vez estar separada de nós. Sabemos que não somos seres amedrontados e dependentes de um Deus instável, e às vezes malévolo. Começamos a ver a nós mesmos como o Lao-tzu descreve: "Carregando corpo e alma e adotando o um." Abandonamos o foco do ego material e não podemos mais nos ver como separados de Deus.

À medida que nos tornamos um com nossa Fonte, começamos o processo de realinhamento, pensando e contemplando mais como Deus. Obtemos a sabedoria necessária para compreender estas palavras escritas por Thomas Troward: "Se você contemplar com pensamentos que se equiparam ao Espírito original, tem o mesmo poder que o Espírito original." Essa ideia é uma anátema para o ego. Mas a totalidade, a unicidade, que verdadeiramente somos, é revelada à medida que começamos a confiar na sabedoria que nos criou.

O que esperar à medida que mudamos a direção de nossa vida

Assim como ocorre com tudo que é novo, mudar-se da manhã para a tarde e depois para a noite da vida produzi-

A MUDANÇA

rá algumas situações surpreendentes. Essa nova direção, da Ambição para Significado, é frequentemente acompanhada de um evento inesperado.

Descobri que cada progresso espiritual que fiz foi precedido por algum tipo de queda — de fato, é quase uma lei universal que uma queda precede uma grande mudança. Uma queda pode ser um evento desagradável que revela a exagerada influência que o ego desempenhava na vida de alguém — o que certamente ocorreu comigo quando me livrei do alcoolismo. Outros tipos de queda podem envolver um acidente, incêndio que destruiu todas as coisas que você trabalhou tanto para acumular, uma doença, um relacionamento fracassado, uma morte ou ferimento que provoca uma profunda tristeza, um abandono, um grave vício, um fracasso profissional, uma falência ou algo parecido. Esses pontos fracos na verdade fornecem a energia necessária para realizar uma mudança da vida impulsionada pelo ego para uma repleta de propósito.

Quando estava no colegial, praticava salto em altura. Para me impulsionar por cima do obstáculo, aproximava-me do fosso e me abaixava o máximo possível. Nesse processo de me abaixar, estava criando a atitude necessária para me impulsionar suficientemente alto para deslizar sobre o obstáculo. Para mim, isso é simbólico do que ocorre antes de uma mudança: abaixar pode significar que estamos suficientemente baixos para acessar a energia necessária e mudar a direção da vida.

Toda queda possui dentro de si o potencial de nos levar a um local mais elevado. Pode ser necessário um confronta-

Para...

mento franco na noite escura da alma para que nos emancipemos das garras de um ego bem-estabelecido. "A sorte está escondida em todos os infortúnios" é um conceito do Tao que aparentemente sustenta o valor daqueles momentos da vida em que experimentamos uma queda. Sem esse infortúnio particular, a boa sorte não está disponível.

Elisabeth Kübler-Ross coloca esses eventos na categoria da ação da natureza: "Se você blindasse os desfiladeiros nas tempestades de vento, jamais veria a beleza de suas esculturas."[2] As tempestades da vida são eventos potencialmente significativos, e podemos usá-los para irmos a locais mais elevados. Eu acredito que quanto maior o propósito que assumimos na vida, maiores e mais difíceis serão as quedas que encontraremos.

Um ataque cardíaco me ajudou a tornar-me mais atencioso em relação ao sofrimento dos outros. Viver em lares adotivos me deu a segurança que consequentemente me levou a tornar-me um professor de autoconfiança. Um doloroso divórcio me permitiu escrever a partir de um coração mais misericordioso. Eu vim aqui para realizar grandes coisas, você entende; consequentemente, não estou surpreso quando os desafios e quedas vêm em grandes doses. De fato, agora sinto que qualquer grande desafio é uma oportunidade de crescer para um nível espiritual mais elevado, onde a gratidão substitui o remorso.

Gosto muito desta observação do Rumi, que revela aquilo que considero uma verdade essencial:

> *O caminho espiritual aniquila o corpo*
> *e posteriormente o devolve a saúde*

A MUDANÇA

*Ele destrói a casa para "desenterrar" o tesouro,
e com esse tesouro a constrói melhor do que antes.*[3]

Essa tem sido minha experiência. Todas as quedas revelaram um tesouro em mim que não teria sido descoberto se minha "casa"não tivesse sido destruída. Aquelas tempestades da vida me ajudaram a estabelecer minha obra, que milhões de leitores e ouvintes apreciam.

Cada uma das personagens no filme *A mudança* experimenta um "ego revelado", que precedeu suas próprias mudanças para uma vida mais significativa. David, o cineasta, quase desmorona ao receber um golpe que destrói sua visão de sucesso. Chad, o diretor-executivo, enfrenta a ira de sua mulher grávida, colocando seu casamento em risco para satisfazer seu ego. E finalmente temos Quinn e Jason, um casal com dois meninos — Jason lidar com as tarefas de casa para ajudar Quinn a realizar seu sonho de tornar-se uma artista. O fato é que todas essas quedas — secundárias ou catastróficas — são experiências que podem ser pontos de inflexões que elevam a consciência desses indivíduos a um lugar onde o significado e o propósito são fundamentais em suas vidas.

Cada um dos componentes do ego faz exigências completamente distintas daquelas feitas pela Origem de nossa existência. O Espírito nos chama para casa para um alinhamento perfeito com nosso Criador; o ego move-se velozmente na direção oposta. Devemos nos tornar mais familiarizados com o Espírito se quisermos realizar uma guinada de 180 graus enquanto ainda estivermos vivos... e viver intensamente o entardecer da vida.

Para...

Preparando-se para realizar a guinada de 180 graus

Bhagavad Gita nos diz: "Nascemos no mundo da natureza; nosso segundo nascimento é no mundo do Espírito."[4] Domar a influência do ego é o início do segundo nascimento. Ao domesticar o ego, obtemos o apoio e assistência do nosso Espírito original, e passamos a perceber sincronismos acontecendo na nossa vida. Aparecem as pessoas das quais necessitamos, circunstâncias reúnem-se de uma maneira que nos ajuda no caminho do nosso darma.

Nas palavras de Patanjali: "Despertam-se poderes inativos, dons e talentos, e você se descobre uma pessoa muito maior do que jamais se imaginou." Esse grande filósofo hindu refere-se ao que ocorre quando nos deslocamos para uma mentalidade espiritual, em vez da dominada pelo ego: aquele que previamente aparentou ser inexistente repentinamente desperta. Esse é o resultado de reverter a direção de vida e ter consciência de *Para onde vamos*.

A coisa mais importante que podemos fazer para neutralizar a influência do ego é nos declarar *prontos*! Lembre-se do antigo provérbio: "Quando o aluno está pronto, o mestre aparecerá." Os professores e ensinamentos estão sempre presentes, durante toda nossa vida. Mas quando o ego está administrando as coisas, esses ensinamentos passam despercebidos. Uma vez que verdadeiramente reconheçamos nossa disponibilidade de viver uma vida de propósito, repleta de significado, há muito pouco a ser feito. Começamos a viver em um mundo diferente daquele que experimentamos na nossa persona conduzida pelo ego. Como escrevi e

A MUDANÇA

disse muitas vezes: *Quando alteramos a forma como vemos as coisas, as coisas as quais olhamos mudam.*

Em suma, aqui está o que acontece quando o ego realiza uma guinada de 180 graus e desloca-se em direção ao nosso lugar de origem:

1. Mudamos para uma responsabilização pessoal. Nossa identidade do ego sempre focou-se no poder externo. Porém, à medida que nos deslocamos em direção ao Espírito, substituímos a necessidade do ego de influenciar situações externas ou outras pessoas, priorizando a responsabilização pessoal. Paramos de participar das intermináveis batalhas do ego e mudamos para o Significado. Fazemos isso através de uma curiosidade consciente e compassiva, e cuidando antes de tudo do nosso "eu" interior. A não interferência torna-se uma prioridade, mais do que estar certo ou dominar os outros.

2. Vemos a nós conectados a todos. O ego sente-se separado e distinto dos outros, um ser em si mesmo. À medida que voltamos ao Espírito, reconhecemos nossa conexão. A essência de viver uma vida de propósito é pensar como Deus pensa, e a Fonte criativa de toda a vida é apenas isso — responsável por toda vida. Todos nós compartilhamos a mesma Fonte e temos o mesmo destino. Ver a nós mesmos como uma parte do todo elimina a necessidade de competir com alguém.

3. Somos motivados por ética, serenidade e qualidade de vida. O ego é motivado por realização, desempenho e

Para...

aquisições externas. À medida que retornamos ao Espírito, mudamos nosso foco para buscas internas. Nossa preparação para viver uma vida de propósito envolve uma importante mudança de atitude na direção de sentir-se sereno, ser honesto e auxiliar os outros.

4. Os milagres passam a existir. À medida que nos deslocamos em direção ao Espírito original, reconhecemos a presença do misterioso e incomensurável, e renunciamos à descrença, contando menos com nossos sentidos e muito mais com nosso saber intuitivo.

5. Adotamos a prática de meditação. O ego foge da prática de meditação e frequentemente a classifica como perda de tempo — ou, pior, insensatez. A mudança para nossa Fonte de existência nos leva a buscar a quietude para conscientemente nos conectarmos a Deus como um componente natural de uma vida significativa.

6. Começamos a nos reconhecer na beleza e na complexidade da natureza. É mínimo o interesse do ego de contemplar a beleza da natureza. Quando viajamos de volta na direção do Espírito, é infinito nosso interesse pelos milagres que aparecem no mundo natural. A partir disso cresce nossa preferência por viver em harmonia com esse universo, em vez de exercer poder e influência sobre ele.

7. Somos menos críticos e facilmente compreendemos e perdoamos. O ego é particularmente inflexível so-

-87-

A MUDANÇA

bre a importância de procurar vingança. A mudança para a Fonte nos induz a desfrutar de oportunidades para praticar o perdão. Perseguir e obter vingança, retaliação e represália nos impede de nos sentirmos importantes e de viver uma vida de Significado. Tornamo-nos verdadeiramente sensíveis à lei de que não nos definimos pelos nossos julgamentos; estamos simplesmente nos definindo como pessoas que necessitam julgar.

• • •

Essas sete distinções entre as ambições do ego e um desejo de viver uma vida de significado poderiam facilmente ser estendidas. Essencialmente, o processo de mudar para Significado envolve repensar nossa função, a partir de uma perspectiva espiritual, neste magnífico e misterioso universo. Reconhecemos nosso desejo por mais significado e propósito, e percebemos que o ego é incapaz de o satisfazer. Independentemente de sermos eloquentes ou não, não podemos alcançar autenticidade a partir do falso "eu", que é o ego.

Isso é ilustrado de forma divertida pelas histórias pessoais de David, Chad e Quinn no filme *A mudança*. Nós os vemos nas suas frustrações de um *esforço* incessante, que é o estilo da Ambição, em uma vida dominada pelo ego, e os acompanhamos à medida que mudam para Significado e consequentemente descobrem a alegria de *chegar*. No filme, o ego perde sua influência à medida que cada uma dessas personagens se cansa de empenhar-se e de nunca alcançar.

Para...

Esse é um sinal de que a dimensão *Para* da mudança está sobre nós, e que nós, assim como os três personagens principais do filme, começamos a nos cansar da ansiedade de nos empenharmos sem resultados. Nossa compreensão de mundo muda à medida que permitimos que momentos quânticos (outro nome para insight) prendam nossa atenção.

Momentos quânticos podem virar a vida de cabeça para baixo

Discuto momentos quânticos no filme, juntamente com o fato de que eles vêm sendo relatados por milhares de pessoas que experimentaram uma mudança de consciência a respeito da vida. Essas pessoas mudaram de uma perspectiva de vida impulsionada pelo ego para uma espiritualmente equilibrada, e tornaram-se seres humanos mais autênticos.

Há quatro qualidades que nos ajudam a reconhecer um momento quântico. No seu livro *Quantum Change: When Epiphanies and Sudden Insights Transform Ordinary Lives* [*Mudança quântica: quando epifanias e insights repentinos transformam vidas ordinárias*], os autores William R. Miller e Janet C'de Baca afirmam que "a mudança quântica é uma vivaz, surpreendente, benevolente e duradoura transformação pessoal."

O que vem a seguir é como *eu* vejo essas quatro qualidades — numa sequência um pouco diferente — em relação a fazermos a transição De Ambição Para Significado.

A MUDANÇA

1. Surpreendente! Pode parecer contraditório planejar ser surpreendido, mas todos relatam que momentos quânticos são imprevisíveis, espontâneos e inesperados. Isso acontece quando sincronismo e serendipidade — a capacidade de fazer descobertas importantes por acaso — nos surpreendem. É como se nos rendêssemos e permitíssemos sermos vividos pela vida. Tornamo-nos o aluno que está pronto, e de fato o mestre aparece. Contudo, isso é normalmente precedido por uma queda.

Escrevi neste capítulo sobre as quedas que levamos antes de qualquer tipo de avanço espiritual. O universo aparentemente funciona dessa maneira, e posso relatar muitos exemplos pessoais. Minha decisão definitiva de viver uma vida sem álcool envolveu um momento quântico que me surpreendeu.

Nesse dia, fui acordado às 4h07 por uma voz, um leve cheiro de rosas no quarto e um sentimento opressivo de estar na presença de uma energia Divina. Sentia uma leve brisa e as janelas estavam fechadas. Enquanto eu estava paralisado e sentindo um arrepio por todo o corpo, também estava perplexo com aquilo. A voz me contou que bastava de álcool e que seria fácil abrir mão do vício.

Duas décadas mais tarde, posso dizer com total honestidade que aquilo que me foi dito era 100% verdadeiro: nunca me senti tentado a novamente incluir o álcool na minha vida. Isso foi surpreendente para mim. Contudo, à medida que desloquei-me na direção do Espírito, no decorrer dos anos, tenho tido *muitas* dessas surpresas, que atraíram minha atenção e me levaram para uma maior consciência espiritual.

2. Cheio de Vida! Esses momentos quânticos que viram a vida de cabeça para baixo também são extremamente intensos. Até hoje, posso me lembrar de cada detalhe daquele momento quântico espetacular que ocorreu quando abri mão da bebida alcoólica. Os lençóis sobre a cama, as roupas penduradas na porta do armário, um pequeno desenho colado ao espelho sobre minha penteadeira, o recipiente de moedas no chão, a cor das paredes, um risco na cabeceira da cama... tudo está tão nítido para mim hoje como era há mais de vinte anos. Penso que quando o Espírito chama, ele cria um ponto de exclamação para realçar todo o episódio. Há uma vivacidade que permanece conosco para sempre.

3. Benevolente! A terceira qualidade desses momentos quânticos é que eles são benevolentes. Por exemplo, a aventura antes do alvorecer que acabei de relatar foi uma das mais serenas e felizes que experimentei. O bem-estar espiritual que me abraçou era como estar embalado nos braços de um Criador verdadeiramente amoroso e magnânimo. Durante anos tinha pensamentos a respeito da minha dependência em relação a algumas cervejas todas às noites. Tentava recordar-me de um dia em que não havia tomado uma cerveja à noite e não conseguia me lembrar de um só dia. Dizia para mim mesmo que não era um vício pois nunca fiquei bêbado ou coloquei qualquer pessoa em perigo guiando sob a influência do álcool e nem a mim mesmo.

Contudo, no meu íntimo verdadeiro, sabia que estava viciado em beber cerveja e que isso estava prejudicando minha vida. Mesmo assim, persisti — isso é, até minha que-

A MUDANÇA

da e o momento quântico. Até hoje, julgo esse encontro de madrugada com o que quer que tenha sido, como um dos momentos mais arrebatadores e serenos da minha vida. A experiência da benevolência de um momento quântico me deslocou para um mundo totalmente novo onde o Significado substituiu a Ambição do ego.

4. Duradouro! A quarta qualidade de um momento quântico é que ele nunca vai embora. A verdade duradoura do meu exemplo é que estou na minha terceira década de completa abstinência. Tivesse continuado meu hábito de consumir cerveja, é bem provável que não teria vivido o suficiente para escrever isso que estou relatando para você.

Quando estivermos no processo de mudarmos nossa vida para refletir Significado em vez da Ambição do ego, teremos um momento quântico que é surpreendente, vívido, benevolente e duradouro. Esse momento ficará gravado na nossa consciência como uma fotografia e não será esquecido. Eu já a ouvi sendo descrita como uma ducha morna que percorre o interior e cuja agradável sensação prolonga-se pela eternidade.

Como a vida muda após uma experiência de momento quântico

Nos meus primeiros livros, foco quase que exclusivamente nas ferramentas psicológicas para auxiliar os leitores a empregar abordagens eficientes e sensatas em relação

–92–

Para...

a problemas. Não há referências a Deus ou um "eu" superior nos primeiros 15 anos do meu histórico de publicações. Atualmente, meus valores e meus manuscritos refletem a mudança De Ambição Para Significado que ocorreu posteriormente em minha vida e carreira de escritor. Tivesse tentando viver a tarde de minha vida de acordo com a manhã, estaria vivendo uma mentira, como Carl Jung chama atenção na citação do começo deste capítulo.

Antes desses momentos de *quantum*, minha vida foi moldada pelo meu ego. Provavelmente teria respondido da mesma maneira que os homens e mulheres que participaram dos estudos que são relatados na *Mudança quântica*: após ter pedido para os indivíduos definirem qual o impacto das suas experiências de momentos quânticos em suas vidas, os autores concluíram que "frequentemente o sistema de valores da pessoa ficava completamente desordenado."

Os cinco principais valores para os homens antes do seu momento quântico eram: *riqueza, aventura, realização, prazer e reconhecimento*. Interpreto esses como os valores da "manhã", antes da mudança De Ambição Para Significado. Aqui não há a intenção de qualquer julgamento — essas qualidades são simplesmente o que o ego foi ensinado a crer como importante e necessário para o sucesso.

Precocemente, os homens aprendem que sua tarefa é ganhar dinheiro e seu valor depende de quanto capital eles acumularam. Homens que tornam-se adultos em uma sociedade que enfatiza o ego relatam o compartilhamento de valores semelhantes. Um homem acredita que ele deve acumular riqueza, ter aventuras, realizar-se a qualquer custo

A MUDANÇA

e buscar prazer tornando-se a pessoa mais importante em todos os sentidos, especialmente referente à intimidade. *Primeiro eu. Contanto que eu sinta prazer, está tudo bem.* E a necessidade de ser respeitado a todo custo é a principal razão para os antagonismos que assolam nosso mundo dominado pelos homens e destruído pela guerra.

O que esses mesmos homens (e eu me incluo entre eles) relatam como os principais valores após um momento quântico é uma das principais mensagens de *A mudança.* A principal prioridade para esses homens é um valor que não existia quando eles encontravam-se na manhã de suas vidas: a espiritualidade. Isso mesmo — após um deslocamento em direção à tarde da vida, a espiritualidade encabeça a lista. De fato, o livro *Quantum Change* [*Mudança quântica*] relata que atualmente as cinco características mais valorizadas com esse grupo original de homens são: *espiritualidade, paz interior, família, vontade Divina e honestidade.* É fácil compreender por que um momento quântico seria visto como algo que desordena a vida! Essa é uma mudança completa para longe das súplicas do ego e de volta para casa, desejando uma vida de paz, família, amor e honestidade pessoal.

Para as mulheres, o deslocamento para longe das mensagens impulsionadas pelo ego é igualmente fascinante. Quando solicitadas a priorizarem seus valores antes do momento quântico, a *família* era o valor mais importante. Isso não é surpreendente, porque as mulheres foram programadas para crer que ser uma mãe/filha/mulher suplanta todo o resto. Isso não significa denegrir as funções femininas de mãe, filha, avó e assim por diante; em vez disso, quero chamar a atenção para o fato de que há mais em ser um mulher do que ser uma lista de coisas a fazer. Toda mulher tem um darma. Contudo, frequentemente, ela relega seu darma pessoal para um *status* de não importância em comparação com suas obrigações familiares.

Os outros valores mais importantes antes do momento quântico eram: *independência, carreira, encontrar seu lugar e sedução*. Essa atitude é dramaticamente caracterizada no filme, quando Sarah descreve os conflitos que as mulheres sofrem. Elas querem ser boas mães, contudo a independência e uma carreira são prioridades. Além disso, antes de uma experiência quântica, elas classificam "serem aceitas" e "serem atraentes" como questões muito importantes. Mas, após realizar o deslocamento para a tarde da vida, que é frequentemente auxiliada pela surpreendente experiência do momento quântico, as mulheres relatam que seus valores assumem um sabor inteiramente novo.

De acordo com o livro *Quantum Change,* o crescimento pessoal encabeçou a lista das mulheres após o momento quântico, seguido por *autoestima, espiritualidade, felicidade e generosidade* — cinco coisas que nem sequer estavam presentes na lista na manhã de suas vidas. À medida que as mulheres que participaram dos estudos, tornaram-se mais conscientes de sua natureza espiritual, seu conceito a respeito de si mesmas começou a mudar. Previamente, coisas como espiritualidade e amor-próprio não eram considerados valores importantes. Mas após seus momentos quânticos, elas receberam um grupo de valores totalmente novo e foram impulsionadas em uma nova direção: uma tarde de vida com propósito.

A MUDANÇA

Elogio William R. Miller e Janet C'de Beca pela sua revolucionária pesquisa, e recomendo o livro deles. Garanto que voces o julgarão tão fascinante quanto eu.

• • •

É apropriado concluir este capítulo intitulado "Para...", que significa a nova direção das nossas vidas quando estamos abertos à mudança, com as palavras finais da citação de Carl Jung: "Pois o que foi ótimo de manhã será insuficiente à noite, e o que foi verdade de manhã terá tornado-se uma mentira à noite."

Nossas vidas, e as vidas daqueles que influenciamos, serão destituídas de quaisquer mentiras quando vertermos nosso falso "eu" e deslocarmos para a tarde e noite. Esse é o assunto do próximo e último capítulo, intitulado "Significado".

• • • • •

CAPÍTULO 4

SIGNIFICADO...

*"A vida não é significativa a menos que esteja servindo
a uma finalidade além de si mesma;
a menos que tenha validade para outra pessoa."*

— Abraham Joshua Heschel

*"Uma maneira possível de dar significado
à existência do homem é elevar sua relação natural
com o mundo para uma espiritual."*

— Albert Schweitzer

Aqui chegamos ao fim, que ironicamente acaba se confirmando idêntico ao lugar de onde partimos. Nossa meta nessa jornada De Ambição Para Significado tem sido de retornar ao ponto de partida, e de acordo com as palavras de T.S. Eliot, "conhecer o lugar pela primeira vez."

A MUDANÇA

Viemos de um "lugar sem lugar" de propósito e significado. Ao nascermos, adotamos um "eu" não autêntico, conhecido como ego, e passamos um período de nossa vida procurando satisfazer seus ambiciosos desejos. Então, damos uma guinada de direção e começamos a retornar a casa. Aqui estamos no significativo entardecer da vida, o local onde, para parafrasear uma citação de Emmanuel apresentada anteriormente neste livro:

Nossa mente não conhece o caminho,
Nosso coração já esteve lá,
E nossa alma nunca partiu.
Bem-vindo a casa!

Tendo chegado a casa, cada respiração é uma manifestação do nosso propósito de vida. Nós não nos esforçamos mais para ganhar; obter a aprovação dos outros; atender às expectativas que outros tinham de nós; satisfazer a ideia de outra pessoa em relação ao nosso darma; ou adquirir, alcançar, acumular. Abrimos mão do conflito, convicção, certeza, luta, dominação, destruição e sentimento de superioridade. Todas essas coisas do ego perdem sua influência e atração quando chegamos a casa, onde o Significado nos acolhe.

Muitos anos atrás, após uma conversa com meu amigo Ram Dass, escrevi estas palavras: *Toda minha vida quis ser alguém. Agora finalmente sou alguém — mas não sou eu.* Esforcei-me para me tornar aquele alguém que todos admiravam por inúmeras realizações, acumulação de riqueza e uma casa cheia de medalhas de mérito... contudo finalmente percebi que não era eu. Os componentes do ego estavam

Significado..·

bem-estabelecidos, mas tinha uma longa distância a percorrer antes que eu pudesse realmente dizer: "Estou vivendo de acordo com meu darma. Tenho propósito e minha vida significa algo."

A citação de Abraham Heschel no início deste capítulo explica o que estava faltando. Ele observa que Significado é inalcançável a menos que "esteja servindo uma finalidade além de si mesmo; a menos que tenha validade para outra pessoa." Aquele alguém que queria ser — quem, sem sombra de dúvidas, havia me tornado — não era meu "eu" autêntico. Vim a este mundo, assim como você e todos os outros, sem nada (isso é, sem posses). Deixarei este mundo do mesmo modo, sem nada. Minha conclusão? Uma vez que não podemos guardar nada que realizamos ou acumulamos, a única coisa que podemos fazer com nossa vida é entregá-la.

Albert Schweitzer, um homem que admiro muito, explica na segunda citação que abre este capítulo que a maneira de dar Significado à vida é elevando nossa consciência para uma consciência espiritual, em vez de uma material. Isso significa aprender a pensar como Deus pensa, como enfatizo por todo livro e no meu filme. *Essa* é a grande mudança: para longe do ego e de volta à unicidade do Espírito, mantendo-se vivo, embora morto para o "eu" não autêntico.

Preparando-se para uma vida de significado

Como podemos viver nossas vidas nessa "casa" sem ego? Como você deve suspeitar, Lao-tzu nos oferece alguns indícios de como isso é realizado.

A MUDANÇA

Primeiramente, ele observa o que é necessário para sentir uma percepção de paraíso na Terra chamado de "imortalidade":

As técnicas místicas para alcançar a imortalidade
são reveladas somente àqueles que dissolveram todos
os vínculos com o bruto domínio mundano da dualidade,
do conflito e do dogma. Enquanto existirem suas mundanas e
superficiais ambições, a porta não se abrirá.[1]

Se não pudermos pelo menos iniciar esse processo, permanecem as frustrações do ego e a porta para imortalidade simplesmente não se abrirá. Para viver uma vida de Significado, precisamos realizar uma radical remoção do ego e dissolver nossos vínculos com aquilo que Lao-tzu denomina de "o mundo das 10 mil coisas." Como ele aconselha:

Quando você obtém sucesso em conectar sua energia com
o domínio divino por meio de uma elevada consciência e a
prática de uma honestidade não discriminatória,
seguir-se-á a transmissão das verdades sutis e supremas.[2]

À medida que dissolvemos nossos vínculos com o mundo material e simultaneamente nos conectamos ao domínio do Divino, temos a oportunidade de recebermos instrução além de nós mesmos. Diariamente, sabemos então como é uma vida de propósito e significado. Nunca se trata do ego.

Lao-tzu sabia dessa verdade há 2500 anos a.C. e Jesus fez com que nos lembrássemos dela nos ensinamentos do Novo Testamento: uma vida repleta de Significado celebra a perfei-

Significado...

ção nossa e da natureza — estamos em harmonia com todos e tudo ao nosso redor. Contudo, essa condição harmoniosa não pode ser alcançada quando adotamos as características do ego. Para sermos capazes de entrar em uma vida de Espírito e propósito, temos de abrir mão de nossa vida. Esse é um conceito que o ego irá ridicularizar, esforçando-se para nos convencer de que haverá consequências desastrosas.

• • •

Nosso "eu" autêntico quer saber: *Como posso servir?* Por outro lado, o comportamento do ego é: dê-me, dê-me, dê-me — *necessito de mais, e nunca posso ser saciado.* Quando nos alinhamos com a voz do ego, o universo fornece experiências compatíveis como a energia *dê-me, dê-me, dê-me.* A primeira vista pode não parecer óbvio, mas se prestarmos atenção, é evidente que essa energia cria pressão, ansiedade e estresse. Por quê? Porque aliar-se com o ego significa que escolhemos viver em um ambiente exigente. Simplesmente não nos damos conta de que temos a escolha de nos unirmos com nossos verdadeiros ideais e viver em um ambiente não exigente. A Lei da Atração funciona nos dois sentidos!

Quanto mais exigimos do universo, mais é exigido de nós. Quanto mais doamos, mais é dado a nós. É na verdade uma simples questão de uma energia e atitude gerada a partir de nós mesmos. O pensamento insistente em necessitar de mais coisas atrai aquela energia de necessidade de volta para nós. Porém, quando constantemente geramos pensamentos de doação, atraímos a energia *da devolução.*

A MUDANÇA

Retornando a Lao-tzu:

É completamente possível alcançar a imortalidade,
e experimentar eternamente uma absoluta alegria
e liberdade. A prática de uma virtude
não discriminatória é o caminho para obter esse objetivo.

Praticando bondade e abnegação, você naturalmente
alinha sua vida com o Caminho Íntegro.[3]

A mudança é uma interpretação contemporânea desse ensinamento antigo. Espero transmitir para você que Significado não é alcançado por meio do seu ego e seus modos egoístas, mas por sua parte altruísta. No verso acima, Lao-tzu fala a respeito da prática de "uma honestidade não discriminatória" — esse é seu caminho para a liberdade e alegria que caracterizam uma vida de propósito.

As quatro principais virtudes que constituem nossa natureza original

Há um livro que adoro intitulado *Hua Hu Ching: os ensinamentos desconhecidos de Lao Tsé*, de Brian Walker. Nessas páginas, Lao Tsé (ou Lao-tzu) menciona quatro virtudes que são parte da nossa natureza original. Essas virtudes devem ser praticadas se quisermos saber a verdade sobre nosso universo e alcançar uma vida de Significado.

Embora Brian Walker tenha realizado um trabalho primoroso em seu livro, gostaria de falar mais detalhadamente

Significado...

a respeito de cada uma dessas virtudes. Aqui estão elas detalhadamente explicadas:

1. Veneração por toda vida. Iniciamos a vida dessa maneira, mas depois permitimos que o ego nos cativasse com complexidade. Suas exigências extraem a alegria dos nossos dias — sempre tentar chegar a algum lugar ou adquirir mais é um empreendimento extenuante. Finalmente, desejando Significado, retornamos ao lugar da nossa natureza original. Aparentemente tal retorno deve ter estimulado Voltaire a observar o seguinte:

> Um indivíduo sempre começa com o simples, então vem o complexo, e por iluminação superior, no fim volta ao simples. Tal é o curso da inteligência humana. [4]

Quando retornamos para nossa "Fonte", somos estimulados por um sentimento de admiração. O misterioso é acolhido ao invés de evitado, e descobrimos um renovado prazer nas atividades mais simples. Não desejamos mais que outros sejam algo que eles não são. Na fase de Significado da vida, removemos as complexidades que o ego nos impingiu, e a veneração que sentimos é frequentemente um intenso e revigorante sentimento de temor respeitoso que percebemos na natureza. Há um novo prazer em ouvir o barulho do vento, em ver a fúria das tempestades e apreciar abelhas e borboletas realizarem seu trabalho de polinização das flores.

A primeira principal virtude se manifesta como amor e respeito incondicionais por nós mesmos e pelos outros.

A MUDANÇA

Quando reverenciamos toda a vida, inexiste o desejo de interferir, dominar ou controlar qualquer pessoa. Adotamos estas doces palavras do poeta Robert Frost: "Amamos as coisas que amamos por aquilo que elas são." Quando praticamos essa primeira virtude, não solicitamos que pessoas vivam de acordo com nossas expectativas, que é algo que o ego adora fazer.

Há duas formas de ter o prédio mais alto da cidade: uma é a do ego, que é derrubar os outros prédios até que ele tenha o edifício mais alto. O problema desse método é que ele cria um conflito permanente. As pessoas não gostam quando suas realizações são destruídas ou reduzidas! A primeira resposta é a cólera; seguida por força, que é oposta por uma força contrária; e rapidamente, uma guerra é travada. Esse é o estilo do ego — nenhuma reverência ou amor pelas realizações dos outros, somente uma necessidade de competir e emergir vitorioso para manifestar superioridade. De fato, o ego está sempre à espera de alguém com a audácia de tentar pará-lo.

A segunda forma de ter o prédio mais alto da cidade é à maneira do Espírito, que oferece Significado no lugar de Ambição. Essa maneira nos encoraja a colocar energia no nosso próprio prédio e respeitar os esforços dos outros para realizar o mesmo. Não há necessidade de competir ou triunfar. Não há força, que sempre resulta em uma força contrária.

Reverência por toda a vida envolve amor e respeito para com cada uma das criaturas de Deus, o planeta, assim também como o universo. Quando praticamos a primeira virtude cardinal, estamos em paz com o mundo e com nós mesmos. Na fase de Significado da vida, substituímos conflito sendo nós mesmos — sendo vividos pelo grande Tao.

2. Sinceridade espontânea. A segunda principal virtude fala a respeito de honestidade no nosso dia a dia. Isso não significa necessariamente que nos privaremos de infringir regras; por outro lado, somos orientados a gozar uma existência que é caracterizada pela autenticidade.

Na fase da Ambição impulsionada pelo ego, nosso falso (ou não autêntico) "eu" está basicamente no comando. Isso ocorre quando nossa ideia de quem somos baseia-se em acumular, realizar, obter aprovação e aumentar nossa separação como um símbolo da nossa superioridade. É impossível ser espontaneamente sincero se estamos tentando ser alguém além de quem verdadeiramente somos; que é o que acontece quando o ego está no comando.

Como foi dito por William Shakespeare em *Hamlet*: "Deus deu-lhe uma fisionomia, e você faz outra para si mesmo." Quando você altera sua "fisionomia" para adaptar-se à vontade do ego, perde a habilidade de ser espontaneamente sincero. Essa qualidade ocorre quando você permite que outros o conheçam, sem sentir medo ou preocupar-se com como está sendo avaliado. Seu discurso e comportamento basicamente enviam essa mensagem: *Este é quem sou. Vim para este mundo com uma chamada íntima, que jamais será silenciada, para consumar um objetivo.*

Essa citação provocante, que é atribuída ao autor infantil Dr. Seuss, ressalta o significado da segunda virtude: "Seja você mesmo e diga o que sente, porque aqueles que

A MUDANÇA

ligam não importam, e aqueles que importam não ligam." Isso é tão verdadeiro — aqueles que importam não ligarão para sua sinceridade espontânea. Contudo, eles se deleitarão completamente com sua realização de um sentimento íntimo de propósito e de viver uma vida significativa. Eles desejam que você vivencie a alegria de explorar, tornando-se mais você mesmo em vez de esforçar-se para chegar a algum lugar ou tornar-se alguém que você não é.

Frequentemente, converso com pessoas que infelizmente não estão sintonizadas com sua natureza original. Elas relatam infelicidade e frustração em relação a seus empregos, detestando os ternos e gravatas que são obrigadas a usar, a carga horária que devem cumprir, e as pessoas com quem trabalham. Geralmente, esses indivíduos estão vivendo a partir de um local não genuíno, guiado por fatores que creem que os definem. Obviamente, quando indagados se estão sendo honestos, eles insistem que sim. Mas a verdade é que suas vidas são frequentemente desprovidas de Significado, e não têm um sentido de cumprir um darma que vieram aqui para realizar.

Eu sempre convido homens e mulheres que encontram-se nessa situação a refletir em relação a esta citação de Thoreau, que encoraja a sinceridade espontânea: "Se um indivíduo avança confiantemente em direção a seus sonhos, e esforça-se a viver a vida que imaginou, encontrará um êxito inesperado em horas comuns."

Não pergunte de que o mundo precisa; não pergunte o que outros pensam que você *deveria* estar fazendo com sua vida. Em vez disso, pergunte-se o que faz com que você

Significado...

torne-se cheio de vida — porque, mais do que qualquer outra coisa, o que o mundo realmente necessita são homens e mulheres que tornaram-se cheios de vida. O que o mundo necessita é da sinceridade natural das pessoas vivendo suas paixões de um modo que melhore a vida de outras. Isso é ser autêntico... e isso, de acordo com minha modesta opinião, é o que Lao-tzu quis dizer quando ele chamou essa segunda principal virtude, da sinceridade natural, de algo que destaca-se como "honestidade e determinação de ser fiel ao seu 'eu' mais verdadeiro e autêntico".

3. Bondade. A terceira principal virtude para viver a partir de uma posição de Significado aponta para ter bondade e consideração para com outros. Como você já sabe, isso não é o estilo do ego. O "eu" não autêntico está constantemente procurando exercer poder sob os outros, uma vez que se sente separado. Ele também é ameaçado pela natureza competitiva de todos seus relacionamentos, e a necessidade de exercer poder vem disso — e então, obviamente, a inevitável força contrária irrompe quando há um confronto de egos.

Nosso "eu" mais elevado não se sente ameaçado por outros porque ele não admite o conceito de separação. Não nos sentindo separados, nosso desejo para uma vida de propósito alimenta um sentimento de unicidade com todos os outros seres. Esse sentimento de concatenação flui na direção da compaixão; finalmente, aproximamo-nos do mundo com bondade, humildade e gentileza porque retornamos à nossa natureza original. Nas palavras de Martin Luther King: "Nós estamos presos a uma rede inescapável de mutualidade,

A MUDANÇA

atados em um único tecido do destino. O que afeta um diretamente, afeta a todos indiretamente."

Não vivenciaremos Significado enquanto estivermos focados na violência. Pensar em conquistar e destruir os outros, independentemente de quão convincentes forem as razões, nos previne de exercitar a bondade da nossa natureza original. Como Tao Te Ching nos diz:

> *Armamentos têm o propósito de destruir*
> *e devem ser evitados pelos sábios.*

Armamentos não se restringem a ferramentas de morte; eles também são as palavras e ações que empregamos. Levando em consideração a importância da gentileza para viver uma vida de significado, vemos como ela nos leva em direção à unicidade. Tanto Lao-tzu como Jesus observaram as constantes guerras que existiram entre pessoas e comunidades e nos exortaram para que nos uníssemos com a nossa natureza mais elevada se quisermos Significado e propósito em nossas vidas.

Quantas pessoas pereceram devido à desumanidade do homem para com o homem? E para quê? Tantas pessoas inocentes, em vilarejos antigos, foram massacradas por causa de quem iria governar a terra, conquistar o cume do morro ou ter domínio sobre o reino. Um estudo da história revela séculos de violência, com o último sendo o mais violento de todos. E atualmente onde estamos? Finalmente encontramos um modo de vivermos juntos, como nossa natureza mais elevada suplica que façamos? Nós construímos armamentos com o potencial de acabar com a vida em nosso planeta por séculos e os armazenamos em silos e submarinos. Esse absurdo é o resultado de muitos de nós agindo exclusivamente sob as diretrizes do ego.

Necessitamos fazer um deslocamento para longe dessas ambições perversas do ego em direção a uma existência que é mais significativa para todos. Se fizermos essa mudança e estendermos bondade e gentileza enquanto evitarmos a violência, sentiremos a diferença em nossa vida. Sentiremos que finalmente estamos em "casa", pensando e agindo como a Fonte de nossa existência. Sentiremos o verdadeiro propósito. Sentiremos uma prazerosa autenticidade de uma vida baseada em Significado.

4. Apoio. A quarta virtude nos informa que temos eterno apoio no processo de viver autenticamente. Abrimos mão da Ambição imposta sob nós pelo ego e relaxamos no Significado que sustenta nossa vida. O apoio manifesta-se como serviço aos outros sem a expectativa de recompensa ou até mesmo um agradecimento — trata-se de um componente fundamental para sentir que a vida tem um propósito. É a maneira mais segura para aprender a pensar como Deus pensa, que foi a principal motivação de Albert Einstein na sua tentativa de solucionar o mistério da criação. Quando nos vemos como manifestações Divinas e individualizadas de Deus, somos mais propensos a querer compreender como a força criativa age.

O que Deus faz com Suas mãos? Ele solicita algum tratamento especial? Ele solicita ajuda? Ele espera que sejamos gra-

A MUDANÇA

tos? Ele acumula coisas para Si Mesmo?Ele se preocupa como Sua obra será julgada? Essas são indagações adquiridas pelo falso "eu", perguntas para as quais criamos mitos e histórias para responder. Contudo, a verdadeira resposta para essas indagações retóricas é: *A única coisa que Deus faz com Suas mãos é dar, criar e oferecer reiteradamente. E isso é tudo.*

Essa quarta virtude nos diz que nossa natureza original — e o propósito da vida — é como o sol. Se perguntássemos ao sol por que ele sempre fornece luz, sua resposta segura e provavelmente seria: "É da minha natureza realizar isso." A única coisa que podemos fazer com a vida é abrir mão dela. Qualquer e todas as outras coisas no sentido de realizações e aquisições não representam nada no contexto do nosso propósito como seres espirituais tendo uma experiência humana. Nós não atraímos aquilo que *desejamos;* atraímos o que *somos.* A reza de São Francisco de Assis diz claramente que "é dando que se recebe." A doação nos alinha com a maneira como a Fonte de nossa existência age; consequentemente, o universo nos oferece experiências compatíveis com nossa natureza doadora e assistencialista.

Anteriormente, descrevi a maneira com a qual o universo nos responde na mesma energia vibratória que enviamos. *Como posso servir?* Trata-se da energia de assistência que enviamos — e recebemos em troca. Vemos a beleza dessa abordagem em relação à vida, não na matéria que atraímos, mas no maravilhoso sentimento de satisfação, que substitui nossas exigências ambiciosas e egoístas. Vivemos o Significado da vida.

Significado...

Novamente voltando-me para Shakespeare, adoro esta observação que ele faz em *Henrique VI, Parte III*:

Minha coroa está no meu coração, não na minha cabeça
Não adornada de diamantes e pedras, nem para ser vista.
Minha coroa é conteúdo:
Uma coroa raramente desfrutada por reis.

Uma das minhas heroínas é a Madre Teresa, que passou seus últimos anos ensinando e servindo aos outros. Uma vez ela comentou: "O amor não pode permanecer sozinho — ele não tem significado. O amor deve ser posto em prática, e esta ação é servir." Essas palavras me inspiraram e ajudaram a realizar a mudança para longe das Ambições do meu ego para servir a mim mesmo em direção a uma vida governada por servir aos outros.

Atualmente, minha vida é praticamente toda dedicada a servir de uma ou outra maneira. Cada dia inicia-se com uma reza de agradecimento, que são as primeiras palavras que pronuncio quando acordo. Ela me mantém em um estado de gratidão por tudo que recebo, assim como pela oportunidade de viver meus dias servindo aos outros. Como o renomado poeta Sufi Rumi uma vez declarou: "Se você somente recitar uma reza por dia, faça a de agradecimento."

Antes de iniciar meu dia, esforço-me no que for possível para fazer algo por alguém. Visto que recebo muitas cartas, frequentemente envio um livro ou DVD de *A mdança*, um conjunto de CDs, ou um DVD de um programa especial do canal PBS — algo que sinta que irá alegrar o dia de um des-

A MUDANÇA

conhecido em algum lugar no mundo. À medida que pago a taxa do correio, alegro-me em saber que um pacote surpresa de amor enviará uma mensagem para alguém de que existem pessoas que se preocupam com as outras, e que eu sou uma delas.

Frequentemente, ligo para alguém que me disseram encontrar-se de luto devido ao falecimento de uma pessoa amada ou está doente e hospitalizada. Outras vezes um pouco de dinheiro em um envelope vai para uma das muitas pessoas que prestam serviço à minha comunidade. Se estou em um hotel durante uma viagem, procuro as empregadas que me atendem anonimamente e as surpreendo com um presente inesperado. Essas coisas que faço não são relatadas para obter um reconhecimento, mas para fornecer exemplos de como mudar para o Significado afeta a vida diária.

Há muitas maneiras pelas quais podemos doar. Realmente não importa o que fazemos — o propósito é habituar-se em substituir a atenção em nós mesmos pela atenção para com os outros. Devemos ser extremamente humildes, procurar outros para servir, manter o ego em xeque... e fazê-lo sem qualquer expectativa de recompensa.

Sou muito mais minimalista do que era quando minha vida era dominada por desejos e exigências do meu ego. Atualmente, tenho uma grande satisfação em minimizar minhas posses. Frequentemente vasculho meus armários, minha biblioteca e minhas aquisições pessoais de todos os tipos, e as doo sem esperar um "obrigado". Necessito de muito pouco em relação a luxos; de fato, quanto menos tenho atravancando minha vida, melhor me sinto. Como declarei

Significado...

previamente, não permito que um único dia transcorra sem dedicar-me a apoiar e servir aos outros. A ironia é que quanto mais doo — e quanto mais tempo, energia e dinheiro gasto servindo aos outros — mais recebo em troca. E tudo isso continua a reciclar-se, visto que na ausência da ligação do ego com minhas posses e rendimentos, quanto mais recebo, mais sou capaz de doar.

Mesmo assim, constantemente me lembro dessa quarta virtude, porque o ego é obstinado e se recusa a retirar-se. Às vezes ele aparece, encorajando-me a pensar primeiramente em mim mesmo, de acumular o que cruzar meu caminho e de aguardar agradecimentos e elaboradas manifestações de gratidão por ser um homem tão maravilhoso. Ele me diz que não posso me dar o luxo de ajudar as pessoas que amparo ou realizar coisas para os outros que meu "eu" superior quer fazer.

O ego me diz: "Wayne, você não pode se dar o luxo de ser tão generoso. Você trabalhou muito para ter o que tem. Não precisa dar muito dinheiro para a mulher que limpa as privadas do hotel — um ou dois dólares é suficiente. Recue e pense primeiramente em si." Essas mensagens do ego ocorrem ininterruptamente. Às vezes, me pego imaginando em colocar meu ego em uma caixa, selando-a, e até mesmo sentando nela para impedi-lo de ressurgir e me afastar do meu compromisso para com uma vida de significado, praticando o que aprendi com Madre Teresa: "O amor deve ser posto em prática, e esta ação é servir." Faço com que me lembre que o amor não tem significado se eu deixá-lo permanecer sozinho e focado em mim.

A MUDANÇA

Lembro-me de Ram Dass, que me disse que seus anos colocando o ego de lado e servindo sua mãe, seu pai e sua madrasta; assim como vítimas de AIDS e câncer, foram os momentos mais gratificantes e significativos de sua vida. Ele carregava seu pai de sua cama até o vaso sanitário, limpava-o e o aconchegava, nunca considerando isso um fardo. De fato, meu amigo chamou isso de a maior oportunidade de sua vida. Sua dedicação em ajudar e fornecer apoio permitiu que ele compreendesse inteiramente o verdadeiro significado por trás da advertência de Lao-tzu, o de viver essa quarta virtude.

Todos nós podemos criar o hábito de viver uma vida baseada em servir aos outros sem esperar nada em troca, simplesmente adotando a prática de extrema humildade. Esta é uma das principais características de pessoas extremamente evoluídas.

Apenas observe como a natureza age: o mar permanece próximo ao solo, contudo adquire uma força tremenda. Isso porque todos os rios e riachos fluem e finalmente chegam a ele. Como o Tao Te Ching nos faz lembrar:

Por que o mar é o rei de uma centena de riachos?
Porque ele se encontra abaixo deles.
Consequentemente, aqueles almejando uma posição acima
dos outros devem falar humildemente.

Árvores, com frutas maduras, inclinam-se próximas ao solo, nuvens baixas descarregam uma leve chuva, e honrosos líderes reverenciam graciosamente. Por meio da prática

Significado...

de extrema humildade, enviamos uma dura mensagem ao ego de que pretendemos ter Significado e propósito na nossa vida, e que viveremos a partir dessas quatro virtudes:

As quatro virtudes não são doutrinas externas,
mas uma parte de sua natureza original.
Quando praticadas, eles despertam a sabedoria
e incitam as cinco bênções: saúde, riqueza,
alegria, longevidade e paz.[5]

Essas características descrevem pessoas que transcenderam seu "eu" não autêntico e estão vivendo repletas de Significado. Elas não são atormentadas com indagações como: *E se minha vida inteira esteve errada?* Elas realizaram a mudança para um nível mais elevado.

Mudando De Ambição Para Significado

Há um maravilhoso provérbio turco que sucintamente narra a mensagem essencial de *A mudança*. Ele diz: "Independentemente do quão longe você tenha ido ao longo da estrada errada, regresse." Não importa quanto tempo nos permitimos viajar pela "estrada" do nosso "eu" não autêntico. Sabemos quando ela não está nos levando para um sentimento de propósito e significado e podemos admitir que estamos no caminho errado. A consciência que nossa vida carece de Significado é uma evidência mais do que suficiente de que está na hora de realizar uma volta completa.

A MUDANÇA

Aqui encontram-se três das coisas mais importantes para percebermos à medida que mudamos para um caminho de uma vida de significado e propósito:

1. A mudança do direito de posse à humildade

Essa é uma mudança monumental para longe do padrão habitual de pensamento do ego, que afirma que *temos o direito de posse* independentemente do impacto sob os outros ou sob o planeta. O fato é que não temos o direito a *nada*. Todavia, a importância do ego colocando-se em primeiro lugar nos mantém em um estado persistente de frustração. Esse tipo de mentalidade provoca uma cólera generalizada para com o mundo e com as pessoas.

Um sentimento de direito de posse é uma mentalidade irritante que cria atrito. Ele aparenta ser indiferente, arrogante e somente preocupado com si mesmo. As diretrizes que damos para crianças pequenas, mimadas e dominadas pelo ego, são valiosas quando nos percebemos sob o domínio desse. "Pense em alguém além de si mesmo", "Compartilhe seus brinquedos", e "Trate os outros da maneira que gostaria de ser tratado" e outros conselhos semelhantes também são bons para serem obedecidos por nós, à medida que iniciamos a mudança De Ambição Para Significado. Devemos abrir mão do ponto de vista infantil que o mundo nos deve. O famoso clamor de John F. Kennedy, "não pergunte o que seu país pode fazer por você — pergunte o que você pode fazer pelo seu país", é um lembrete comovente para

nos afastarmos de um sentimento de direito de posse e se-
guirmos em direção à humildade. Aqui, estamos vivendo a
partir de um local de compreensão Divina em vez de um de
egocentrismo.

Realizar a mudança para a humildade não significa que
nos humilharemos ou seremos fracos, e sim que prioriza-
mos servir aos outros antes de servir a nós mesmos. Humildade é o meio de servir, alimentando um sentimento de
propósito que fornece uma dimensão do significado para
nossas vidas. Quando percebemos que estamos pensando
nas coisas sobre as quais temos direito de posse, podemos
lembrar que estamos no caminho errado. Então podemos
encontrar uma maneira de retornar à humildade e de "vol-
tar aos trilhos" em direção a experimentar o Significado.

Quando nos perguntamos: "Como posso desejar para
outra pessoa mais do que eu tenho e quero para mim?" isso
poderá ajudar a suspender, mesmo se for por apenas um
instante, nosso sentimento de direito de posse. O propósito
floresce por meio da prática da humildade extrema; ele não
é alimentado por pensamentos sobre aquilo que sentimos
que temos o direito de possuir.

2. A mudança do controle à confiança.

Se somos honestos com nós mesmos, cada um de nós
sabe que estamos familiarizados com a parte do ego que
controla e gerencia nossas vidas e ansiosamente esforça-se
para fazer o mesmo com os outros. Sejam eles familiares,

A MUDANÇA

amigos, colegas de trabalho ou até mesmo desconhecidos, o ego rotineiramente aceita a tarefa de afastar Deus e assumir a função de ser manipulador. À medida que caminhamos em uma direção diferente, damos conta da inutilidade de tentar controlar qualquer indivíduo ou situação. Nós reconhecemos essa necessidade de praticar interferência como um exercício de poder do nosso falso "eu".

Por exemplo, houve um tempo em minha vida em que eu precisava dominar a maioria das conversas sociais. Mudar do controle à confiança significa que atualmente procedo de acordo com o rumo da conversa e das opiniões manifestadas. Contento-me em não me envolver e observar, mesmo quando outros assumem a função do falso "eu". Posso sorrir silenciosamente em relação a algumas das escolhas de vida das minhas crianças, mesmo quando discordo. A mudança do controle à confiança aumentou minha não interferência.

Além das minhas interações pessoais com amigos e família, em um sentido mais amplo confio mais e controlo menos. No meu íntimo tenho ciência de que Deus escreve os livros, profere as palestras e ajuda pessoas que tiveram desavenças a ter um relacionamento mais amistoso. Quando a confiança substitui o controle, não é interessante deixar Deus de lado. "Tudo que tenho visto me ensina a confiar no Criador em relação a tudo que não vi" podem ter sido as palavras de Ralph Waldo Emerson, mas concordo de tal maneira com elas que poderiam ter sido minhas. Confio plenamente na sabedoria do universo e na sua Fonte criativa.

Com confiança, reconhecemos nossa própria sabedoria. Lembramos que viemos da mesma Fonte e consequente-

Significado...

mente, temos que ser parecidos com aquilo de onde viemos. Podemos ter fé na Fonte para nos guiar, em vez de errar com as exigências do ego por reconhecimento e crença na nossa superioridade. A confiança permite que escutemos no lugar de assumir o comando. A ação de ouvir permite que nos acomodemos confortavelmente, sabendo que a Fonte criativa de tudo está no comando em vez do nosso ego insignificante e pequeno. A mudança do controle à confiança é muito importante para nosso trabalho de toda uma vida.

No filme *A mudança,* relato como encontrei o caminho que condizia com o chamado da minha alma. Fiz isso prestando atenção àquilo que estava sentindo intimamente ao invés daquilo que meu ego estava me dizendo sobre como aproveitar minha fama escrevendo livros para ganhar mais dinheiro. Por confiar no meu estímulo interior, fui capaz de realizar uma grande mudança em minha vida, deixando de escrever sobre psicologia para escrever sobre viver a vida a partir de uma orientação espiritual. Essa mudança para longe da Ambição do ego, que tentou controlar minha carreira de escritor e palestrante, colocou-me no caminho do Significado.

Quando *você* se desliga do controle do ego, no que você confia? Há três marcadores para procurar nessa estrada. Eles são: confie em si mesmo, confie nos outros e confie na Fonte da existência. Abaixo uma breve explicação de cada um deles:

— **Confie em si mesmo.** Isso significa ouvir sua alma falar da maneira que ela o faça. A intuição é normalmente

A MUDANÇA

uma voz confiável. Mahatma Gandhi explicou seu entendimento dela: "O que é a Verdade? Uma pergunta difícil; mas a respondi para mim mesmo afirmando que ela é aquilo que a 'sua intuição' lhe diz."

— **Confie nos outros.** Isso significa não interferência na medida do possível. Todo mundo tem o universo dentro dele ou dela; confiar nos outros o liberta de sentir-se obrigado a intervir. Nas palavras de Lao-tzu no Tao Te Ching:

Você acha que pode tomar posse do universo e melhorá-lo?
* *Eu não acredito que isso possa ser feito.*

Tudo (e todos) sob os céus são eleitos sagrados
e não podem ser controlados.
Tentar controlar leva à ruína.
Ao tentar usurpar, perdemos.

— **Confie na fonte de existência.** Isso significa confiar no mistério da criação. A Fonte universal de toda criação, embora seja invisível, guia você assim como guiou seu desenvolvimento no ventre. Quando você confia na inteligência Divina, auxilia e convida a mudança para Significado.

3. A mudança do apego para deixe estar

Talvez a maiores lições da minha vida giraram em torno do *slogan* do momento de recuperação: "Relaxe e permita

Significado...

Deus" — um conceito que envolve a abdicação da atração ou medo do ego em relação a algo. A atração mais significativa para maioria de nós durante a manhã de nossas vidas é a de estar certo! Não há nada que o ego adore mais do que estar certo. Assim, praticar o deixe estar é importante e gratificante.

Eu duvido que há alguém lendo este livro que não tenha engajado-se em uma discussão sobre assuntos triviais que transformaram-se em diferenças e que teve como consequência a raiva. E tudo isso aparentava ser por nenhuma outra razão exceto a necessidade, o desejo, de estar *certo*. No fim das contas, poderemos olhar para trás como um divertimento melancólico, compreendendo agora que naquele tempo nosso temor de *estarmos* verdadeiramente *errados* era tão intenso, que a opinião de outra pessoa poderia estimular esse sentimento indesejável. A estratégia do ego era de estar certo a qualquer preço, uma tática extremamente bem-sucedida, que eficientemente nos desviou do verdadeiro propósito. Abrir mão da atração de estar certo é um exercício relativamente simples.

A escolha de deixar estar e confiar em Deus, numa busca para eliminar nossa vontade de estarmos certos, é simplificada com estas poucas palavras: *Você está certo a esse respeito.* Mas tenha em mente que a bondade e a sinceridade são necessárias aqui, em oposição ao sarcasmo ou falta de sinceridade. Essas palavras gradualmente abrirão o ponto de partida de um caminho que leve a *deixe estar e confiar em Deus* e de experimentar mais Significado na vida.

–121–

A MUDANÇA

Uma outra maneira de facilmente praticar o rompimento do sentimento de posse do ego é livrando-se de objetos desnecessários da casa e dos armários. Abra mão dos bens materiais, e pratique não afeiçoar-se a eles. Se eles não foram utilizados nos últimos 12 meses, pertencem a outro lugar. Podemos nos treinar para sermos um "daqueles" que Joel Goldsmith descreveu no seu livro *A Parenthesis in Eternity: Living the Mystical Life* [*Um parêntese na eternidade: vivendo uma vida mística*]:

> Então há aqueles que alcançam um estágio em que percebem a futilidade de estarem sempre esforçando-se e lutando por coisas que perecem, coisas que, depois que são obtidas, demonstram ser sombras. É nesse momento que algumas pessoas deixam de procurar por coisas no domínio externo para buscá-las em Deus.

Na maior parte das vezes, o estresse é resultante da insistência em crenças que nos mantêm em um esforço para obter mais, porque o ego recusa-se teimosamente em acreditar que não precisamos de algo. Quando realizamos a mudança, a influência do ego desaparece. Buscar e esforçar-se — e então afeiçoar-se àquilo que buscamos — é uma fonte de ansiedade que revigora a Ambição, mas não satisfará a necessidade por Significado no nível de nossa alma. Tudo que perseguimos, no fim das contas, afasta-nos da nossa natureza original. Todas nossas posses estão destinadas a desaparecer. Como Goldsmith apontou, elas são apenas sombras.

• • •

Significado...

À medida que nos deslocamos na direção do nosso "eu" autêntico, todas as mudanças neste capítulo a respeito do Significado tornam-se formas naturais de existência. Novas atitudes trazem boas sensações, e percebemos como exigências egoístas, que permitimos que dominassem nossa existência, não são mais confortadoras. O Significado tem primazia sob a Ambição do ego.

Vivendo as quatro principais virtudes e agindo com humildade e confiança, estamos reingressando à nossa natureza original. Uma vida de Significado está apenas a um pensamento de distância.

Concluo esta obra com as palavras do Sir Laurens van der Post descrevendo a história de nativos africanos a respeito dos dois tipos de "fome" e suas relações com Significado e propósito nas nossas vidas, que também estão no começo deste livro. Na minha opinião, esses parágrafos são extremamente simbólicos em vários níveis. Releia-os no espírito de *A mudança*, tendo ciência de que cada um de nós é responsável pelo Significado que encontramos em nossas vidas:

Os nativos do deserto de Kalahari falam a respeito de dois "desejos". Há o grande desejo e o pequeno desejo.
O pequeno desejo quer alimento para o estômago; mas o grande desejo, o maior de todos, busca significado...
Fundamentalmente há apenas uma coisa que torna os seres humanos muito e profundamente amargos: uma vida sem significado...

A MUDANÇA

Não há nada de errado em procurar a felicidade...
Mas muito mais reconfortante à alma...
é algo maior que felicidade ou tristeza, é o significado.
Porque o significado transforma tudo...

Uma vez que aquilo que você esteja fazendo
lhe seja significativo, é irrelevante se você está feliz ou infeliz.
Você está contido — você não está sozinho
em seu Espírito — você pertence.

NOTAS

Capítulo Um

1. Gilbran, Kahlil. *O profeta*. Nova York: Knapf.

2. Frank, Leonard. *Random House Webster's Quotationary*. Random House.

3. Eliot, T.S. *Four Quartets*. Harcourt.

4. Frank, Leonard. *Randon House Webster's Quotationary*. Random House.

5. Id.

6. Zubko, Andy. *Treasury of Spiritual Wisdom: A Collection of 10.000 Powerful Quotations for Transforming Your Life*. Motihal Banarsidass.

7. Id.

Capítulo Dois

1. Zubko, Andy. *Treasury of Spiritual Wisdom: A Collection of 10.000 Powerful Quotations for Transforming Your Life*. Motihal Banarsidass.

2. Rodegast, Pat e Stanton, Judith. *Emmanuel's Book: A Manual For Living Comfortably in the Cosmos*. Bantam.

A MUDANÇA

3. Zubko, Andy. *Treasury of Spiritual Wisdom: A Collection of 10.000 Powerful Quotations for Transforming Your Life.* Motihal Banarsidass.

Capítulo Três

1. Jung, Carl. *The Portable Jung.* Penguin.

2. Citação reproduzida com a permissão da Fundação Elisabeth Kübler-Ross.

3. Da obra *Rumi: Daylight,* traduzida por Camille e Kabir Helminski, publicada por Shambhala.

4. Butler-Bowden, Tom. *50 Self-Help Classics: 50 Inspirational Books to Transform Your Life.* Nicholas Brealey Publishing.

Capítulo Quatro

1. Walker, Brian. *Hua Hu Ching: The Unknown Teachings of Lao Tzu.* HarperCollins.

2. Id.

3. Ibid.

4. Frank, Leonard. *Random House Webster's Quotationary.* Random House.

5. Walker, Brian. *Hua Hu Ching: The Unknown Teachings of Lao Tzu.* HarperCollins.

Notas

• • •

Agradeço a Mickey Lemle pela permissão de reproduzir um trecho da obra *Hasten Slowly: The Journey of Sir Laurens van der Post*. Para maiores informações, visite o site **www.lemlepictures.com**

— Um agradecimento especial a Leonard Frank, autor da obra *Quotationary*, por ter reunido uma coleção de citações brilhantes que há anos me inspiram.

Este livro foi composto na tipologia Minion Pro,
em corpo 11,5/16,6 e impresso em papel offwhite 80 g/m²
no Sistema Cameron da Divisão Gráfica
para a Distribuidora Record